What
Keeps
Leaders Up
at Night

管人管到睡不着

发现并解决最困扰你的管理问题

[美] 妮可·李普金（Nicole Lipkin）◎著

苏西◎译

ZHEJIANG UNIVERSITY PRESS
浙江大学出版社

献给所有让我的生命变得丰富多彩的人

What Keeps
Leaders up at Night

目 录

我到底在想什么？

2005 年我离开企业界,拿出全部精力,创建了一家从事心理治疗与咨询的服务机构。为了把这件事做好,我尽量雇佣心智上成熟又平衡的医师,因为这样的员工只需要最少程度的管理。在我这家机构的屋檐下,这些能够自我激励、脚踏实地又很好相处的人开始执业,为客户服务。

公司渐渐成长起来,我也开始着手拓展咨询业务,此时我需要找一个人来打理公司的日常事务。我在心里拟定了一份岗位职责要求:这个人需要做的事情包括处理客户推荐、管理医疗账单和应收应付账款,还有办公室的其他工作。我雇佣了一个名叫霍普的年轻姑娘,她没有管理过办公室,但很想做个心理学家。霍普具备一些看起来十分有用的经验,比如客户关系、招聘和营销。而且她的学习能力看上去很强,可以迅速地学会需

要的技能。

从第一天起，我就带着霍普学习心理咨询业经营层面上的课题。对于想进入这个领域的人来说，这是很有价值的一课，因为学校里不教这个。除了基本的诊疗流程之外，我也尽力慢慢地培养她掌握两项重要的能力：专业性和镇定。如果她想在这一行里有所成就的话，这两样素质可不能缺少。霍普是个典型的千禧一代①，对于未来，她有很浓的理想主义色彩，并且认为自己有权利拥有生命中的美好。可是，尽管我付出了最大的努力，她却渐渐地变成了我最糟糕的梦魇。在收费和记账方面，她粗心大意，犯下了代价不菲的错误。她对待患者和医生的态度都很傲慢。不知道她是没能力关注工作中的细节呢，还是懒得去想这些事，总之，如果不提醒她好几次的话，她极少能把重要的工作跟进下去。医生们总是抱怨她，也经常无奈地把本该由她完成的活儿做掉。

患者人数渐渐减少了。我花在教霍普做事上的时间比我亲自做这些事还多。由于她工作不力，害得公司损失了数千美元的收入，办公室气氛也亮起了红灯。所以我把霍普叫了过来，给她做了一次绩效评估。我依然以为自己能把她拉回正轨，所以没考虑过解雇她。其实，我是不能接受这个念头：从一开始我就错了，我根本就不该雇佣她。我批评了她的工作状况，也告诉她加薪是不可能的，但我愿意跟她一起制定出一个目标，帮她在未来三个月内改进工作表现。霍普垂头丧气地开口了："妮可，我本来也没想着要加薪。我知道我总是犯错，但我也需要你理解我的苦衷。我都这么大了，还得靠父母替我出手机费、信用卡和旅行费用。"什么?? 我没听错吧？当我建议她努力工作争取加薪，或是再找一份兼职，或者干脆换个薪

_____

① Millennial，也称 Y 世代，这个概念并无精确的起始年，评论家们一般都把出生年份在二十世纪八十年代到两千年之间的这几代人称为千禧一代。——译者注

水更高的工作时,她眼泪吧嗒地说:"可是,妮可,今年本该是我的快活年啊!"

我本该当天就把她炒掉(或是她来上班的三个月后),但我一直希望她能改过来,从而证明我是个好老板。后来的事你大概也猜到了,情况越变越糟,我掉进了挫折感、压力和愤怒的海洋,都快被淹死了。我陷入了现状的泥沼,不愿改变和止损。认知偏见在我心中疯狂乱窜,干扰着我的信念、态度、想法、行为和决策,逐渐升高的压力让我变得又聋又哑又瞎。我唯一能做的就是在霍普背后抱怨她,反复无常地对待她。说来奇怪,我简直是在付钱请她折磨我啊,而且我还无力摆脱。终于,我不得不承认,我其实是个糟糕的老板。

有一天,霍普慢悠悠地走进我的办公室,递交了辞职申请。她父亲答应付旅费,让她到欧洲去玩一个月。带薪假期结束后,她跟我说了实话:她打算回家去,找一份"真正的工作"。

最后,我失去了希望①,却如释重负。可是,这段经历一直在我脑中挥之不去,最终成为这本书的灵感缘起。我是个受过完备训练的心理医生,拿了心理学的博士学位,也是 MBA;我是商界的心理医生,教别人成为更好的领导者和管理者,而且我还写了一本讲管理 Y 世代员工的书,可我怎么会把事情搞砸到这个地步?我怎么能够让诊所里的医师们失望,让公司文化变得如此糟糕?我怎么能让客户失望?我怎么能让自己失望?简而言之,我到底在想什么?要是我都能在眨眼之间不知不觉地从好老板变成坏老板,岂非人人都有可能?

在整个职业生涯中,我都在帮助别人把事情做对。可我之所以从好老板变成坏老板,正是因为我自己没有做到这些事。我没有注意那些能够触

---

① 霍普的名字是 Hope,希望的意思。——译者注

发大脑反应的事,也忘记了心理学的基本原则和古老的人性法则。

哲学家让-保罗·萨特(Jean-Paul Sartre)对人性有个著名的评价,他说人性是"黏糊糊的"。无论我们是端坐在公司金字塔的最顶层,身披"首席××官"的光环;还是开着大卡车在各地奔波送货,我们都是人。做人,是一件凌乱、古怪、复杂、挫败、困惑,有时候还颇为吓人的事。

商业既有财务金融这样的"硬性"面,也有人性和心理这样的"软性"面。领导者和管理者投资在后者上的时间应该跟前者一样多。软性的一面中包含许多因素,比如我们大脑中那些极微型的化学反应小火花、环境的力量、群体动力学、深深根植于人类天性中的心理防御与偏见,还有认知过程的运作机制,我们对这些东西了解得越多,在管人方面犯的错误就会越少,纠正错误的速度也会更快。

多年来,我一直在帮助客户、商界领袖和准领袖们解决那些扰人心神、害得他们夜不能寐的棘手难题。在本书中,我们将会分析当今的领导者需要面对的八个最麻烦的管理问题,探讨察觉并解决这些问题的方法。这八个问题是:令我们暂时从好老板变成坏老板的领导力困局、糟糕的沟通、令人衰弱的压力、不健康的竞争、捉摸不定的成功、吓人的改变、破坏性的团队互动以及消失的工作积极性。

但解决方案就在你心里。或许你无法一下子解决最困扰你的领导力难题,但你可以学着更加高效地处理它们。你可能会把事情搞砸,后悔自己说出的话,卷入恶性竞争,不满足于成功,抗拒改变,在群体中做出一些独处时绝对不会做的事,你也可能会认为公司或下属一点都不关心你。但是(而且是个大大的"但是"),对于导致这些问题一再出现的肇因,你的觉知能力会变得越来越敏锐,并因此可以更快更准地察觉到它们,从而找到更好的解决方案。

我在这本书中提出的建议,源自我一直以来对人性、心理学和神经科学的研究,商界内外的经验皆有。现在我明白了一个道理:当我们把事情搞砸的时候,就别再痛心疾首地谴责自己了。你没法改变已经发生的事,但你可以改变下一步的行动。这句话成了我的座右铭,因为我已经学会了暂停,然后思考一下我或其他人行为背后的生理与心理原因。我已经明白,如果你能够提高自己的觉知能力,并帮助别人提高他们的觉知能力,那你一定能找到解决方案。

在这本书中,我会提出一些新颖的办法,帮你发现并思考某些最为棘手的"人的问题"——每一天,每一刻,领导者都会遇到它们。有时,这些问题会令我辗转反侧,难以成眠。我敢说,它们有时也会令你夜不能寐。如果这本书能帮你从此心无挂碍,在夜里安然入睡,那我真是再高兴不过了。

第一章

为何好老板会变坏？

1995 年，荷兰百万富翁贾普·克罗斯(Jaap Kroese)买下了一家位于英国北部、正深陷困境的著名造船厂 Swan Hunter。2000 年，Swan Hunter 赢得了一个大订单：为英国皇家辅助舰队(Royal Fleet Auxiliary)设计制造两艘坞式登陆舰。合同规定，Swan Hunter 以两亿一千万英镑的价格制造这两艘舰船，于 2004 年交货。然而，到了 2006 年 7 月，Swan Hunter 才造好了一艘，而且预算超出了数百万英镑。英国国防部对 Swan Hunter 的表现非常失望，于是撤回了第二艘船的订单，转交给了它的竞争对手 BAE System Naval Ships。Swan Hunter 因此蒙受了巨大的经济损失，也不再具备与国防部合作的资格。11 月，贾普·克罗斯宣布，在 2008 年的新生意启动之前，Swan Hunter 只能出售大量资产来弥补损失。可是，新生意始终没能启动，Swan Hunter 被迫把河畔那几个标志性的起重机卖给了一家印度船厂。

简言之，这个悲伤故事的根源是判断失误。故事始于贾普·克罗斯十五岁的那一年——当时他在海事造船行业工作，后来在石油钻井行业积累

起了财富。买下 Swan Hunter 时,克罗斯心中怀着一个期望:挽救这个深陷困境的企业,把它拉回世界级的水准。带着满腔热情和无限精力,他暂别妻子,住到了厂里,跟工人们打成一片,并实时监督厂里的状况,他甚至叫得出每一个工人的名字。这份努力为他赢得了近乎传奇般的良好声誉,媒体都称赞他是个高效、干练、踏实的商界人士。可这个长处也成了他的弱点。他深入一线,凡事亲力亲为,每一个小小的决策都参与其中,可这样做也是有代价的——他离一线太近,所以失去了全局观。这是虫子的视角,而不是鸟儿的。跟焊接工人们在船厂里打拼的确能激发员工的忠诚,可他也因此忽视了代价高昂的管理错误、预算超支、无法按时交工等问题。雪上加霜的是,BAE Systems 赶在 Swan Hunter 之前成功交货,彻底抢走了它的最后一单生意。

◎ 好老板变成了坏老板 ◎

从很多方面来看,贾普·克罗斯都是个好老板。在他身边工作的下属们都喜欢他、尊敬他。那么,是哪里出了差错?在虫子层面(具体事务)的辛勤工作最终导致他在鸟儿层面(战略眼光)上失败了。有很多原因都会让好老板变成坏老板。

即便是世界上最好的老板,也有可能遇上糟心的日子。谁都有可能偶尔陷入负面情绪,产生不理性的想法,大发脾气,自以为是,做出糟糕的决策,或是不愿相信别人。正是由于不完美,才说明我们是人。绝大多数情况下,我们都是在私底下犯这些错误。但是,只要在众目睽睽之下出这么一次错,你就会被人扣上“那种人”的帽子。为什么?因为身居管理岗位会赋予你名人的力量。2011 年美国总统大选时,不费吹灰之力三次当选德州州长的里克·佩里(Rick Perry)居然记不起他打算废除的第三个政府机构的名字。从那一刻起,他就被打上了"白痴候选人"的标记。

没人能够完美地对付荷尔蒙的波动(没错,这东西也会影响男人)或生理节奏的起伏。所谓领导力,归根结底,全是人的问题。高强的领导力意味着你可以高效能地应对糊涂的人,古怪的人,不可预测、令人困惑、不理性或笨拙的人。正是因为这个,领导力这回事才出奇得困难和复杂。

当你近距离地审视"为何好老板会变坏"的问题时(此处说的是暂时变坏,而不是那种表现一直都很糟糕的坏老板),你会发现三个主要原因:

- 忙到无暇顾及大局。

- 傲到看不见问题。

- 怕到不敢犯错。

◎ 忙到无暇顾及大局 ◎

最近有次出差的时候,我认识了一个名叫罗布的家伙。他人很好,飞机上正好坐我旁边,几分钟后,我们聊起了他的工作。就像我的客户一样,他对我敞开心扉,很快就谈起了工作上的不如意。罗布最近刚刚被提拔到了管理岗位上,可他发现自己就快应付不过来了:他没法按时完成工作,直接下属的电邮和电话如雪片般纷纷飞来,令他应接不暇。每天早晨起床的时候他都忧心忡忡,满腹焦虑。"我觉得自己就像是个杂耍小丑,空中飞着十个球,我却只有一只胳膊。老板不断地给我压工作,却丝毫不知道我已经顾不过来了。"我问罗布,为什么不给下属们多分配点工作呢,他答说:"我希望他们喜欢我,尊重我。要是我把自己本可以轻松完成的活儿分配

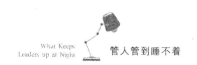
给他们，我担心他们会转而反对我。"可讽刺的是，罗布已经意识到，由于他的脾气越来越暴躁、越来越情绪化，下属们真的开始不再尊敬他了。没有一个人能完成工作目标，他感到自己正在节节败退。"我不知道该怎么办才好，"他承认，"我不过是在干等着，等老板下令把我降回原职。"

和贾普·克罗斯一样，罗布也陷入了"忙到无暇顾及大局"的经典泥沼中。每一名成功的管理者都会在"高产"和"瞎忙"之间踩出一条清晰的界线来。可人们很容易越界，并因此从好老板变成坏老板。幸运的是，你可以稳稳地迈出几步，重新回到正确的一边来。

探讨这些行动步骤之前，我们先要纠正一个错误的看法。忙并不是坏事。忙，说明你是一个活跃、高产、积极、成功的人——只要你不是为了忙而忙。事实上，不忙的人往往会受到孤寂、抑郁、消沉、焦虑等问题的困扰。

我们知道，人们忙起来的时候感觉会更好。2010 年，研究人员克里斯托弗·赫斯（Christopher Hsee）、阿德尔·杨（Adelle Yang）和良颜·王（Liangyan Wang）设计了一个实验来验证这个理论。他们请学生们参加一项调查，然后在以下两个方案里选一个：要么站着干等十五分钟，然后继续参加下一轮调查；要么就走路大约十五分钟到另一个地方去，把调查报告交掉，然后再回来参加下一轮调查。两种情况下，学生们都可以拿到糖果作奖励。然而，更多学生选择走路那一项——他们愿意做点什么，而不是无所事事。

当研究者们测试这些受试者的幸福感时，他们发现，选择走路的那一组人的幸福感更强。接下来，他们重复了实验，但这次学生们没有选择机会了。研究者让一部分学生走路，一部分闲待着。即便某些"懒家伙"是被强迫着动起来的，走路组的幸福感依然较高。

但是，如果研究者们让半数学生跑步一英里去递交调查报告，同时还要抛接令我的旅伴罗布烦心不已的那十个杂要球，情况就不一样了。忙碌或许会提高你的幸福感，但过度的忙乱可能会让你手忙脚乱，应付不过来。

这种时候,人就会忙到无暇顾及大局。过度的忙碌会降低绩效和生产力,令你变得容易忘事和疲倦,你会更容易做出糟糕的决策,解决问题的能力也变得低下。由于与他人的沟通出了问题,你的孤立感会越来越强。由此产生的挫折感、愤怒和缺乏耐心会引起小病小痛,丢掉工作,有的时候还会引发心理健康问题。

这一切取决于人的个性阈值。有些人天生就能扛住更高的工作量。阈值较高并不等于你更加优秀,它只能说明你跟别人不一样。如果你发觉自己陷入了"忙到无暇顾及大局"的泥沼,你应该停下来,看清状况,并尽力发挥自己的觉知能力。唯有这时,你才称得上是在解决问题。第一步,要向自己提出三个问题:

1.我太关注细节,以至于无法看清大局,是不是这样?

2.我承担了额外的工作,因为我认为亲自做的结果会更好,或者教别人做无异于浪费时间,是不是这样?

3.我不愿意把工作分配给下属,是因为我希望他们喜欢我,尊重我,是不是这样?

以上三个问题中,如果有任何一个的答案是"是",那你很可能已经犯了"忙到无暇顾及大局"的毛病。在讨论解决方案之前,咱们先来看看为什么会出现这种情况。

◎ 问题的根源 ◎

问题的根源要追溯到一万年前。由于资源稀缺,咱们的原始人老祖先要辛辛苦苦地相互竞争。为了生存下去,一有机会,他们就得积存能量。

但今天的生活已经变得容易多了,想要获得食物、水和住处,虽然依然需要付出努力,但科技手段已经为我们节省了大量力气。可是,形成于远古时代的人类大脑有没有充分适应这个现实呢?恐怕没有。而科技在带来便利的同时,也带来了许多问题。它没有让我们变得悠闲,反而让我们愈加忙碌。在 2011 年 12 月 29 日的《纽约时报》(*New York Times*)中,比科·伊耶(Pico Iyer)写了一篇尖刻的文章,探讨了科技对人的影响,以及为了寻回宁静,人们愿意在金钱和情感方面付出多大代价。他描述了接连不断的干扰,电话、电子邮件、任务提醒、短信等,这些东西就快要把我们淹没了。伊耶指出,现在的沟通方式越来越多,"可要说的话却越来越少——我们都在匆忙地应付各种各样的时间线,却忘记了我们最需要的其实是生命线"。

海量的信息不但淹没了我们的生活,也让我们在工作中忙得喘不过气来。难以相处的人、闹心的裁员、繁复冗赘的官僚风气、复杂的办公室政治,这些东西迅速地将我们淹没。如果你没有忙到无暇顾及大局,那才奇怪呢。尽管你很憎恨这种状态,但你多半也会偷偷摸摸地感到自豪——你有那么多事儿要忙。如果你是当老板的,那你就更容易这么想了。要是不信,你就问问自己:

- 我有没有把"我很忙"的事儿告诉其他人?
- 当别人看到我很忙的时候,我有没有感到自己得到了更多尊重?
- 当我听到别人抱怨他们很忙的时候,我是感到自己比他们强呢,还是有完全不同的想法——比如有点嫉妒?
- 闲着没事干的时候,我会不舒服吗?我会不会找一大堆事情把空闲时间填上?

如果答案是"对",那么你就有忙到无暇顾及大局的倾向。很多人都是这样。很多文化,尤其是在盎格鲁-撒克逊文化(想想新教的工作伦理),都对忙碌的人赞赏有加,把没那么忙的人视作废物。面对"懒人",我们常常有种优越感(尽管在心里头会暗暗妒忌他们的闲散)。与此同时,我们很自然地希望得到他人的尊重和喜爱。因此,我们很难从忙碌中脱身出来,于是就用大量事务(往往是效率低下的事儿)把空闲时间塞满。

人类喜欢把事情弄得复杂。给点儿资源——无论是歌帝梵巧克力(Godiva)还是杰克丹尼威士忌(Jack Daniels),推特还是Facebook——我们很容易就能把它搞得过分复杂,直到把它变成一个麻烦。对于忙碌也是一样。如果你过分地运用了精力、才华、心理或身体技能,你很快就能把一项资产变成负债。

如今,你很容易被忙碌俘获。实际上,在这个高度互联的世界里,人们可以如此容易地找到别人,以至于"不忙"几乎成了不可能的事。当人们依赖互联网、社交媒体、移动电话和其他即时通信工具来让自己与别人保持联络的同时,许多人也发觉,人与人之间的情感变得越发疏离了。工作中,人脉关系可以侵占你的所有时间。要不了多久,跟所有的"好友""粉丝""朋友圈"保持联系,这本身就会变成一项全职工作。

根据维克多·冈萨雷斯(Victor Gonzalez)和格洛丽亚·马克(Gloria Mark)的研究结果,当今的普通职员工作不了三分钟,就会被打断,或是接到一项新任务。如果你的工作还涉及管理他人,那么在工作日里,你大概一秒都不得安生。难怪你的脑袋在中午之前就痛了起来,看见第一个走进你办公室的人就没好气。所以,让咱们一起来看看你的脑袋里发生了什么事吧。

◎ 超载的大脑 ◎

事情往往是,我们并没意识到自己已经陷入了"忙到无暇顾及大局"的泥沼。没有哪只正常的青蛙愿意跳到一锅滚水里,可你要把它放到坐在炉子上的凉水锅里,它不会感到水温正在慢慢升高,直到最终被烫死。同样,我们的大脑也会渐渐地调整,去适应忙碌,直到再也忙不过来,崩溃为止。正是因为这个原因,你才会如此容易地从好老板变成坏老板。

我们的大脑和身体生来就是处理感觉信息的,它们运用眼睛、耳朵和皮肤来完成这项工作。一毫秒接一毫秒,我们的感觉器官接受信息,把多余的噪声过滤掉,留下重要的信号。要是没有这个过滤器,现代生活中的海量信息会让我们的头脑超载,什么事都处理不了。繁忙的老板比普通员工接收到的信号更多,难怪他们容易遭受信息超载之痛。

你如何判别自己处于超饱和状态? 这还真不太容易,因为我们的身体和心智不像机器,它们会逐渐适应大量的感知数据,特别是在短期压力之下。然而,我们发现,当人处于长期压力或感知超载的状态中时(在第三章中我们会详细讨论这个话题),人几乎不可能高效能地做事。试想这个场景:你正在往一个塑料架子上放书。它能禁得住五十四本,你把第五十五本放上去之后,它突然裂成了两半。可是,留心观察的话,你就会发觉,当你放到第三十九本的时候,架子就已经开始变弯了。同样,你或许可以处理大量的工作和任务,但到了某一点的时候,你开始顶不住重压。如果没有密切地关注自己的状况,你就一直感觉不到自己被"压弯了",直到最后那项任务令你溃不成军。想想你现在的工作量,或是上次你感到不堪重负是在什么时候,然后问问自己:

- 是不是比以前更容易发脾气?

- 经常显得很焦虑?

- 比平常更缺乏耐心?

- 发现并解决新问题的速度变慢了?

- 更加频繁地失去工作重心?

- 更容易忘事?

- 一遍又一遍地重复做着毫无意义的事情?

- 一心想着列一张任务清单?

这些症状表明,你在逼迫大脑同时处理太多事情,而且你的做事效率基本上肯定会降低。你是不是以为自己是个处理多重任务的能手? 最近的研究表明[比如 1994 年哈罗德·帕什勒(Harold Pashler)所做的研究,或者 2012 年瑞秋·阿德勒(Rachel Adler)和拉克尔·本布南-芬奇(Raquel Benbunan-Fich)共同进行的研究],高效能的多重任务处理能力就像真正的过目不忘能力一样罕见。以为自己能够同时完成好几件事情的人,实际上每件事做得都不如专心致志时那样好。人的大脑真的没办法同时专注于一件(极少见的情况下是两件)以上的认知工作。感知超载会让大脑忽略掉其他事情,专门处理最为紧急的事务,或者去做一些不需要动脑子的事儿来缓解压力,就像婴儿大哭时需要人抱起来摇摇一样。这就是为何超级忙碌的人酷爱列任务清单的原因。

忙到无暇顾及大局的老板很容易掉进自我伤害的循环。当工作量大到难以负荷的时候,你就会陷进细枝末节,看不见大局。在树下徜徉的时候,你无法看到整片森林的模样(管理大家)。由于缺少有效的管理,下属犯的错更多了,这越发加重了你的工作量——因为你必须抽出时间来修补这些错误。事情变成了恶性循环。你把事情搞得越糟,下属们就越糟,下属们越糟,你又越糟。该如何打破这个恶性循环呢?

◎ 打破循环 ◎

心理学家使用所谓的"意识—胜任力"模型来描述人的学习能力。这个模型包括四个阶段(请看图1-1)。有一句老话精辟地传达了这几个状态的精髓:

自己不懂,而且不知道自己不懂的人,是傻瓜——躲开他;(阶段1)

自己不懂,但知道不懂让自己显得无知的人——教导他;(阶段2)

自己懂,但不知道自己懂的人,在沉睡——唤醒他;(阶段3)

自己懂,而且知道自己懂的人,是智者——跟随他。(阶段4)

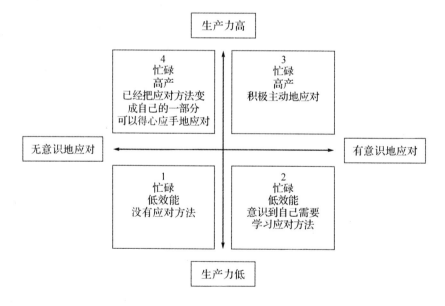

图 1-1 "意识—胜任力"模型

在第一阶段,罗布(还记得他吧?)就像一个单臂杂耍艺人一样,疲于应付。可他没有意识到,这样的工作状态实际上妨碍了他的决策,破坏了他的权威感,也在总体上降低了他的工作效率。他忙碌、低效,而且没有应对方法。

在第二阶段,罗布意识到自己背负了太多工作,已经无法高效率地完成任务,但他还不知道如何解决问题。他注意到了自己的"症状",也发现了他人的抱怨(比如同级别的同事、上司或直接下属),但他不知道该如何从困境中脱身。他忙碌、低效,但已经知道自己需要学习应对的办法。当我们在飞机上相遇时,罗布就处在这个阶段。

在第三阶段,罗布开始积极地改变,因为他已经找到了一个能让自己跳出困境的解决方案。现在,他忙碌、高效,也在积极主动地应对。

在第四阶段,罗布已经掌握了应对方法,每当他发觉自己又落入"忙到无暇顾及大局"的陷阱中时,他就可以运用这些方法。现在,他忙碌、高效,而且充分掌握了有效的应对方法,可以得心应手地使用。

请注意! 从第一阶段走到第四阶段需要付出大量的心力,但你很可能会在不知不觉之间再次滑落到第一阶段。你需要密切关注自己的工作量,及时察觉"忙到无暇顾及大局"的蛛丝马迹。最根本的解决方法,就是提高并保持自我的觉知。

没人能够百分百准确地看清自己。因此,你应该找个值得信赖的咨询顾问、同事、家人或朋友来担任监察员,一旦发觉你有了忙到看不到大局的苗头,就立即提醒你。与此同时,如果你发觉自己的工作量已经超载了,要敢于相信自己的感受。

不管是哪种情况,一旦"症状"出现,你就得逼着自己休息一下。有一回,我的同事迈克尔找我寻求建议。当时他每天工作十五小时,已经这样连轴转了四天(包括周末)。就在他跟一个潜在的生意合伙人谈正事的时候,他的电脑崩溃了。"那天我跟苹果电脑和 Carbonite 的技术人员通了六

小时的电话。我的耳朵痛死了,就像有人拿着锤子在砸似的。我一边听,一边打字,同时还在审读文书样本。第四天我去打网球的时候,觉得自己就像根湿面条,连把球打过网的力气都没有。"我让迈克尔赶紧放下手边的一切事情,休息一个下午。他可以练习深呼吸,沿着海滩多散会儿步,给自己做一顿爱吃的晚餐,然后看个不费脑子的电影。第二天清早,他感到自己焕然一新。"真神了。乱成一锅粥的时候,放下手头的工作可真不容易,但是当我休息好了回来的时候,我在三个小时里做完的事儿比过去两天里都多。哦,顺便说一句,我在法庭上把对手打了个落花流水。"

◎ 傲到看不见问题 ◎

大不列颠第二伞兵团中校 H. 琼斯("H" Jones)是一名备受尊敬又极富激情的指挥官。1982 年英阿马尔维纳斯群岛战役中,他领导了古斯格林之战(Battle of Goose Green)。当一名清楚地看到战局的下属向他提出一个突破阿根廷人防线的方法时,他咆哮道:"我用不着你来告诉我该怎么打仗。"他满心里想的都是面前的重重阻碍,因此无法容忍下属干扰他的思路。可是,琼斯的袭击行动一次次地失败,许多亲密战友都牺牲了。勇猛的琼斯决定亲自领军,结果血染沙场,没能回来。这次溃败后没多久,副指挥接手战事,并且部分采纳了那位下属的建议,结果英军突破了防线,赢得了这场战役。

琼斯之所以牺牲,部分原因是他太骄傲,以至于看不见问题。这种"好老板变成坏老板"的症状并不等于自恋或自大狂,它只是反映出,有时候很有能力的领导者也会暂时地一头陷入手边的事务中,看不见做出明智决策所必需的信息。琼斯的部将们都喜欢他、尊敬他,都认为他是个出色的领导者。他的指挥能力一向优秀，可在这次的关键一役中，他就是摆脱不了自己的思路。尽管不愿意承认，我们绝大多数人往往都会抓着自己的想法不放。这倒不是因为我们傻，而是因为我们是人。认为自己的想法最好，这是很自然的事；如果我们身为老板，那就更容易这么想了。

"傲到看不见问题"包括以下三个行为：

1. 死抓住一个想法不放。

2. 不肯采纳他人的建议。

3. 过于依赖从前的成功经验，不肯考虑不同的模式、选择或方案。

上述这三种行为不但会降低绩效和效率，也会损害你这位领导者的信誉度。要避免犯这种毛病，你需要强大的自我觉知能力。

◎ 原　因 ◎

> 我们看见的不是事物本身，而是我们自己。
>
> ——安娜依斯·宁（Anais Nin）

1979 年，查尔斯·洛德（Charles Lord）、李·罗斯（Lee Ross）和马克·莱珀（Mark Lepper）在斯坦福大学（Stanford University）做了一项实验，让我们深入地看到了人类的心理和交流情况。研究者们选出了四十八名在校生参加实验。其中一半支持死刑，另一半反对。两组人都认为研究结果支持自己的看法。研究者把两份编造的研究摘要拿给受试看，其中一份认为死刑具备威慑力，另一份则相反。结果学生们都认为，支持自己观点的那一份研究报告是真实有效的，而有悖于自己观点的那份报告存在逻辑漏洞。

随后,学生们评估了这两份报告使用的研究方法与流程。不出所料,每一组学生都认为,符合自己观点的那一份报告结构缜密,诠释得也很恰当。这项研究结果证明,人们看待有悖于自己观点的思想、假说或信念的时候,总是高标准、严要求的。有趣的是,实验结束后,学生们都说,自己原先的看法变得更加坚定了。这种现象就叫做确认偏误(confirmation bias),它让我们主动寻找支持自己看法或信念的信息,重视那些确证性的资讯,同时也让我们不去注意那些有悖于我们观点的信息,或是把它们的说服力打个折扣。如果有人公开地发表过与自己相同的观点,确认偏误的现象就更容易出现了。

确认偏误包括:

● 有偏见地寻找信息:大脑会在信息中挑选一番,接受那些支持自己观点的,拒绝那些违背的。

● 有偏见地解读:大脑会根据自己的喜好来解读数据。

● 有偏见地记忆:大脑会把符合自己观点的细节留下,摒弃那些不符的。

比如,凯蒂深信抢钱包的大多都是黑皮肤的男子。当她在光天化日之下目睹了一场抢劫之后,她记住的是一个深肤色、留着胡子的抢劫犯,而其他证人都说自己看到的是一个白皮肤、没留胡子的男人。她可以详细地描述出这个黑皮肤男人的样子,却压根不记得有白人男子出现。

这些偏见显著地影响着我们的生活,特别是在大脑中充满了感觉信息的情况下。为了过滤信息、更加高效地运转,大脑就会走捷径,依靠确认偏误这种手段,来解读如海啸般奔涌而来的大量信息。

确认偏误能挑起战争,令战事连绵不断;它能怂恿消费者买下既不想要也不需要的东西;也能让人做出一些史上最糟糕(或最明智)的商业决策。最能说明问题的例证,莫过于被情绪统治的政治世界。2009 年,希瑟·拉马尔(Heather LaMarre)、克里斯滕·兰德维尔(Kristen Landreville)和迈克尔·比姆(Michael Beam)这三位俄亥俄州立大学(Ohio State University)的研究人员借用喜剧中心频道(Comedy Central)的讽刺节目"科尔伯特报告"(The Colbert Report)来研究这个课题。斯蒂芬·科尔伯特(Stephen Colbert)在节目中模仿了保守派的政客和专家,假装参加总统竞选。研究者请三百三十二位参与实验的人员描述科尔伯特的观点。结果,自由派人士认为科尔伯特是个自由派,这出节目是纯粹的讽刺剧。可保守派人士认为他是一名保守派专家,在讽刺节目中坦诚地发表了保守派的观点。简而言之,受试者的个人观点强烈地影响了他们对这位喜剧演员的看法。

感知也会影响我们对他人个性的评价。马克·斯奈德(Mark Snyder)讲述了一个"对他人的看法"的试验:研究者请受试者在见过一个人之后,说说对此人的印象。在见面之前,有些受试者得知,他们即将见到的是一个羞涩、安静、胆小的人(内向型),而另一部分受试者得知,他们即将见到的是一个开朗、爱社交、喜欢热闹的人(外向型)。见面过后,受试者评估此人个性的时候,他们的描述都跟先前得到的提示一样。

我们要探讨的是"傲到看不见问题",而这些研究结果能说明什么呢?它们强调了人类的一个基本天性:人都希望自己是对的。无论是否能意识到,我们天生就有坚持自己看法的倾向,我们会主动寻找那些能够支持自己观点的信息,放弃那些与之相悖的。然而,在管理中这会造成严重的后果,因为它会妨碍我们做出正确、高效的判断和决策。确认偏误令我们无法看到议题的各个方面,阻碍我们从一切可能的角度看问题,不让我们冷静而客观地评估局势。它会削弱心理学家们所谓的情境感知能力(situational awareness)。

好比说,你要给两名直接下属做绩效评估。约翰经常跟你的看法不一

致,你为此十分抓狂。而萨莉的看法经常跟你一样,所以你很喜欢与她共事。尽管这两名下属的业绩一模一样,但你很可能会认为萨莉比约翰做得更好——只是因为你觉得萨莉比较讨人喜欢。如果萨莉把事情搞砸了之后,约翰抱怨了她,你就会更加不喜欢约翰,而且会忽略萨莉的错误。最终,约翰离开公司,而你挑选了一个与你看法较为一致的人填补了他的位置。现在,你错上加错了——你不仅让确认偏误影响了绩效评估,还在团队里塞满了跟你思路一致、总是同意你的看法的人。你已经变成了《皇帝的新装》里那位"光溜溜"的皇帝。

此时,就是值得信任的"军师"来救场的时候了,这样的人会把你的行为直言不讳地告诉你。人人都需要这样的意见。你看不见自己偏爱萨莉,但一位值得信任的同事或导师可以。跟我常说的一样,这一切都要归于至关重要的自我觉察:观察自己的行为。神经科学也支持这样的觉知。

◎ 偏　见 ◎

埃默里大学(Emory University)的德鲁·韦斯顿(Drew Westen)和同事们在 2004 年所做的一项研究表明,涉及个人观点的时候,情感会轻松地战胜理性。2004 年的总统大选中,韦斯顿与团队成员运用了功能核磁成像技术扫描了十五名坚定的共和党人和十五名坚定的民主党人。扫描的时机是大家都在看候选人发言的时候——两名候选人所说的话明显是自相矛盾的。你大概可以猜到,两组人都找到了调和矛盾的办法,进一步坚定了自己的信念。

对脑部的扫描证实,当受试者在评估演讲中的矛盾之处时,大脑中与推理相关的部分只显示出一点点活动迹象。与此相反的是,与情绪相关的区域,也就是负责解决冲突的那个脑区变得相当忙碌。更有甚者,一旦受试者找到了解释矛盾的方法、进一步支持自己的原有立场之后,负责奖赏和愉悦的那部分脑区就会变得活跃起来。总结起来就是:有动机的推理行为会激活大脑中的情感中心,一旦这种事发生,我们就无法轻易地改变感受、意见和决定。实际上,在获得一致和认同的过程中,我们会感到愉悦。绝大多数老板对自己的看法相当自信,随着对自我的看法变得越来越根深蒂固,他们的自信心会越来越强。

研究人员布拉德利·多尔(Bradley Doll)、肯特·哈钦森(Kent Hutchison)和迈克尔·弗兰克(Michael Frank)于 2011 年在《神经科学杂志》(*Journal of Neuroscience*)上发表了一篇文章,探讨了遗传对确认偏误的影响。研究者们关注的是两种能够影响神经递质的基因,而神经递质有助于加强大脑前额皮质和纹状体区域发生的学习过程。前额皮质能帮助我们储存并处理清晰的指示,比如"每天要吃维生素"。纹状体则能帮助我们从经验中获取教训,比如"要是不每天吃维生素,我好像就会生病。"

研究者们总结说,"先前的预期会影响纹状体的学习进程,如果预期遭到否定,相关的结果是无法轻易被'撤销'的"。用大白话说,意思就是,在"我该怎么做"的问题上,我们更愿意听从自己的意见,而不是他人的指导和忠告。

好吧！对于想治愈"傲到看不见问题"的好老板变坏综合征的人来说,这可不是什么好兆头。然而,你可以按照一些已获证实的步骤,来克服以下倾向:忽视他人的建议、死抓着自己的意见不放、对自己的领导地位自鸣得意。

◎ 疗　法 ◎

第一点,也是最重要的一点,就是要认识到这种倾向是天生就存在于我们头脑中的,要想改变它,我们必须要对抗自动的思考过程。故态复萌是个自然现象,但这并不等于说,你因此就可以忽视这些倾向。你越是警醒,就越有可能把它控制住,防止它干扰你的领导力。及时发觉"症状",请军师们在这些倾向出现或看到你退步时提醒你,永远不要以为自己具备了免疫力。

通过密切观察他人的类似行为,你也能学到很多东西。自从你开始寻找这些行为表现的那一刻起,你就会发现,它们随处可见,而且那场景绝对算不上愉悦。单是看看它给别人的生活带来多少坏影响,你就有动力在自己的生活中尽力控制它了。试试这个叫做"别去地下室"的小游戏:你看过恐怖片吧? 女主角听到地下室传来瘆人的声音,就赶紧跑下去看看是怎么回事。你恨不得大喊一声:"别下去!"在新闻、电影或小说中寻找一个"傲到看不见问题"的行为例证,然后告诉自己,"别下去! 别落到那步田地。"这个小小的练习可以帮助你建起一道对抗确认偏误的防线——自我觉察。

从激烈的辩论中,你也能学到东西。尽管人们都说,永远不要跟别人争论宗教或政治话题,因为这类话题会引起特别强烈的情感反应。但是,你可以跟好朋友或是家人谈谈这些,你们争论的过程会反映出你是否有"傲到看不见问题"的倾向。找一个意见或信念跟你完全相反的人,挑战他的看法,然后密切关注你们两人的行为。你们的讨论有没有激起情绪反应? 在你们两人中,有没有谁在顽固地维护自己的观点,对支持另一种看法的事实视而不见? 有没有人提高了音量? 倾听的行为有没有逐渐停止? 某一方是不是经常打断对方,甚至替对方把话说完?

无论你分析的是自己最近的某个领导行为,还是某个你看到的、与他人相关的场景,或是一场你最近与别人关于某个敏感问题的争论,请你后退一步,问问自己:

- 相异的观点是否引起了争吵?

- 争论各方有没有援引事实来支持自己的观点?

- 各方有没有努力地把事实与纯粹的主观意见区分开?

- 各方有没有发自内心地考虑对方的观点?

- 新出现的事实改变了某一方的信念,有没有这种事?

- 有没有任何一方说过,"这是个很好的想法?"

- 观点的改变有没有伤及自尊?

- 观点的改变有没有损害双方对彼此的敬意?

经常做这个练习,你会做出更加明智的决策和判断,收获更加满意的人际关系,并且提升领导能力。

激烈的讨论常会引发强烈的情绪反应。把争论点界定清楚,依靠事实而不是情绪感受,这会有助于你抚平情绪。人们会尊敬那些表现出强大的同理心、尊重对方意见的人,这样的人能够认真倾听对方的观点,不会常常打断对方,也不会替对方把话说完。优秀的倾听者会评论并经常赞赏对方的观点,即便他的看法与对方的完全相悖。愿意深入思考不同的观点,并且接受它,这不会伤及自尊或破坏他人对你的尊敬,反而能为你建立起一段更加牢固、更富成效的人际关系。

好的领导者都是好老师,而最好的领导者也是好学生。他们欢迎相反的观点,认真倾听他人的想法,当事实能够说服他们改变观点时,他们就会改变。想要抵抗住诱惑,不落入"傲到看不见问题"的陷阱,就请谨记这条规则:人有两只耳朵,但只有一张嘴,所以请多听,少说。

◎ 怕到不敢犯错 ◎

里奇和伊森都在一家大型保安公司当副总,两人都对自己的领导能力很满意。他们十分享受来自上司、同侪和下属的赞誉,两人的业绩都很好,都是公司的宝贵人才。可是,令人惊讶的事情发生了。为了向客户提供更好的服务,这家保安公司推出了一项基于社交媒体的新项目,里奇负责技术,而伊森负责运营。接下来的几周里,伊森带领团队研究了竞争对手们的类似产品,做出数据统计和预测,并为业务拓展方案提供了支持材料。伊森上手极快,而且马不停蹄,他的团队成员们也都干劲十足。

然而,尽管里奇对最新科技十分了解,他的反应却很奇怪:他对这个新系统十分焦虑。里奇担心复杂的"零部件"无法无缝对接,没法取得预想中的成果,于是他开始密切监督程序员的工作,由于对每个小决策都担心不已,他开始妨碍研发团队的进展。以前他从没这样过,所以项目里的每个人都十分困惑。

里奇不是一下子失去理智的。他属于"好老板变坏综合征"的最后一个症状:怕到不敢犯错。一个惧怕某种特定风险的领导者不但会伤害自己,还会影响团队中所有人的进度,妨碍大家顺利完成工作。就像被夜晚的车灯吓傻的鹿一样,这样的领导者会木然不知所措。这种症状的表现往往就像里奇这样,管理得太细,或是不断怀疑自己的团队。其他的表现还包括:

● 过度担忧失败,担心自己无法取得正确结果。

● 怀疑每一个行动步骤。

● 避免做出可能会导致错误的决策和评论。

● 亲自参与每一个细节,当时间期限逼近时尤其如此。

这些有害行为会破坏领导者的信誉。比起前两个症状,"怕到不敢犯错"的伤害更大,它会阻碍团队寻找创新解决方案,阻挠大家的工作进展。里奇的行为是矛盾的。一方面,他深陷于细节之中,没能关注大局。他事事都要插手,害得大家的进度慢得像爬。而另一方面,需要他做出关键决策时,他又变得十分怠惰。他忙碌地管理着团队中的细枝末节,可等到需要做决策的时候,他又不忙了。掉进这个陷阱的好老板往往会担忧自己表露出软弱的一面。他们错误地认为,失败和犯错就等于软弱无能。由于这种概念混淆,他们做出了愚蠢的、不像自己的行为,他们过于关注细节,或是变得僵硬死板。这是个很常见的毛病,心理学家称之为自我效能(self-efficacy)不足。

◎ 重要的自我效能感 ◎

心理学家阿尔伯特·班杜拉(Albert Bandura)认为,自我效能的意思就是一个人相信自己能够取得某个特定的成果,"相当确信自己有能力的人,会把艰难的任务视作有待攻克的挑战,而不是应当避开的威胁"(《自我效能:控制的实施》)。例如,阿什莉在社交场合中如鱼得水,她十分确信,自己在这个领域里的能力会带来好结果。但是,当她站在经理和同事们面前讲述自己的想法时,就会变得手足无措,因为她不那么确信自己能够掌控这种局面。在后面这种情境中,她的自我效能感抛弃了她。

班杜拉认为,一个人的能力、态度和认知技能构成了他的自我体系,而这个体系决定了此人在特定环境下如何感知、如何反应。你就像一台发动机,而自我效能就是燃料。

好老板的自我效能感非常强。然而,外部情境有可能会削弱它,甚至把它彻底摧毁。假如说,平时你用非常冷静的态度来管理团队,大家都认为你是个镇定的老板,你也很喜欢这种声誉。突然之间,在一个生死攸关的重大项目中,你最能干的两个下属甩手不干了。在最需要人手的时候,你失去了关键的人才,而且竞争对手也有了可乘之机。曾经的淡定先生如今变成了热锅蚂蚁。

里奇遇到的就是这种情况。面对职业生涯中最大的挑战,他愣住了。或者换句话说,在最糟的时候,他的自我效能感离他而去。

当你发觉自我效能感降低了的时候,你会立即陷入"怕到不敢犯错"的流沙中。你开始怀疑自己和他人,对每一个决定都十分纠结,开始过细管理,插手每一个细节。人很容易就会陷入这种模式,但解脱出来可没那么容易。

◎ 强大的自信造就优秀的领导者 ◎

班杜拉认为,一个人对自我能力的感觉会影响他/她的动机、学习、表现,以及他/她对自己能否完成某项任务的判断。

拥有强大自我效能感的领导者有以下倾向:

● 敢于做出承诺。

● 受挫后能够迅速恢复正常状态。

● 把有挑战的难题视作很容易就能搞定的任务。

● 为了取得某个特定成果而付出更多努力。

● 面对挫折和成就,都能展现出高度的责任心。

● 把犯错的原因归结为努力不够,而不是个人有弱点。

● 制定很高的个人目标。

● 相信成功要靠苦干实干。

● 敢冒风险,敢于尝试新颖的做事方法。

● 在压力之下能够很好地工作。

● 对自己的决策和批判性思考能力感到自信。

相应地,自我效能感较弱的领导者的倾向是:

● 回避困难的任务。

● 担心该项任务/情境会超出自己的能力范围。

● 如果事情出了差错,会把关注的焦点放在负面结果和自己的能力不足上。

● 完成任务或目标时不够投入。

● 对自己的能力缺乏信心。

● 个人目标制定得比较低。

● 怀疑自己是否能成功。

● 会避开风险和新方法。

● 在做决策和思维技能方面比较没自信。

● 在压力之下表现得不好。

◎ 影响自我效能感的四个因素 ◎

根据班杜拉的研究,影响自我效能感的因素有四个:亲身经历、间接体验、言语上的鼓励、情绪与身体状态。

咱们来看看里奇的例子。如果他以前有过成功完成困难任务的经历,那这一次他大概会感到从容一些。如果他是因为漂亮地完成了一连串比

较容易的工作而升到目前这个职位上的,那他八成很快就会进入这种过于害怕失败的状态。为了从这种状态中解脱出来,里奇应当退后一步,评估一下这项挑战的情况。如果觉得气馁,他就应该把自己的感受向上司坦然相告,并且寻求帮助。内心比较自傲并且不肯承认自己无知("我不知道该怎么做")或害怕("我不敢肯定")的人,很难承认自己做不来某件事。一个值得信赖的知心朋友可以为你提供很有价值的见解,并让你较为容易地面对心中对失败的恐惧。

假设里奇自己从没做过这么难的工作,但他见过别的团队处理过更困难的任务。换句话说,他有间接体验,他看到过别人在类似情况下做成功了。如果他可以仔细地回顾这样的间接体验,单是这种行为就可以提升他的自我效能感。"如果他们能行,那我也行。"一对一的领导力教练服务可以帮助里奇这样的人调整心态,坦然接受挑战,但参加一个系统的个人成长项目可能会有更好的收效,因为在这种学习项目中,从间接体验中学习的机会更多。

在这种情况下,里奇的老板能帮助他,也能伤害他。如果老板发现这项任务挑战到了里奇的极限,那么可以鼓励他,比如告诉里奇"我对你有信心",也让里奇知道,如果他遇到任何难处,随时都可以走进办公室寻求帮助。里奇甚至可以对自己来一番励志演讲,每当他感到害怕失败时,就给自己鼓鼓劲。言语的鼓励就像一条双向车道。时不时地,我们都需要他人的鼓励;而我们也必须记住,有需要的时候,我们也要鼓励别人。当老板的总是习惯于提出批评,毕竟他们希望手下能越做越好。但老板们很容易忘记的是,不要总是批评下属,应该不时地拍拍他们的肩膀,给他们鼓鼓劲。

最后一条也很重要:里奇需要成为自己的"医生",学会观察自己的情绪和身体状态。这个新项目是不是让我半夜在睡梦中惊醒,冒出一身冷汗?我的心跳加速了吗?我是不是满脑子都想着明天的工作,结果弄得自已辗转反侧,睡不着觉? 他也应该机警地观察自己情绪和身体上的征兆,看看有没有过于害怕失败的信号:过于担忧自己做不好;对每一个步骤都纠结、质疑;不敢做出有可能导致错误的决策和承诺。

◎ 本章小结 ◎

所以说,你跟世上其他人一样,至少是跟那些有觉察能力的人一样——这样的人敢于承认没有谁是完美无缺的,就算是天底下最聪明的人,偶尔也会搞砸事情。许多人之所以会把事情搞砸,是因为这三种"好老板变成坏老板"的症状:

- 忙到无暇顾及大局。
- 傲到看不见问题。
- 怕到不敢犯错。

当你承认自己是个普通人(而不是超人)的时候,自我觉察就开始了。成为老板并不等于你从此就绝不会犯错。在当今这个忙碌喧嚣的职场上,每一天、每一分钟,你的精神和身体都要应对巨大的压力和疯狂的需求,你很容易失去淡定的心态。面对这么多(火急火燎)的细节,你很容易看不见大局。你只能看见自己想看见的东西,或者是陷入怀疑和纠结当中,感到自己软弱无力、能力低下。

人人都会遇到这种情况。万一搞砸了,不要陷入自责或自毁的泥沼。想要重新变回好老板,就要不断地自我觉察。你只需暂停一会儿,客观地审视一下自己不适应的状态或不见成效的行为,要么就请一位你信得过的朋友对你坦言相告,说说你最近的表现,你就会重新回到正轨了。

What Keeps
Leaders up at Night

第二章

为何我的明智建议没人听?

家大型医疗保险公司的七名资深副总裁正在做头脑风暴,讨论公司未来的走向。其中的两人,黛安和鲍勃,进公司都有三年了,两人都带领着庞大的销售团队,每年都能超额完成任务指标。能坐到今天这个位置,两人全都名副其实。然而,到了请别人支持自己的想法,并推动实施进程的时候,黛安的表现总是比鲍勃好很多。如果两人的资历如此相似,为什么结果总是差那么远呢?

"我们应该关注小企业主。"黛安发言了。会议桌旁,人人都点头同意,并且在黛安说话时记了很多笔记。

"把重点放在我们现有中型客户的营销部门,然后向外拓展,怎么样?"鲍勃提议道。有两人翻了翻白眼,一人做了个鬼脸,其余的人茫然地盯着记事本或地板。

过了一会儿,走廊里,发起这次会议的执行副总裁山姆拍了拍黛安的肩膀,"前头路长着呢,姑娘。想法很好。"然后他盯着鲍勃,"黛安的想法棒极了,不是吗?"

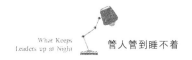

这到底是怎么回事？乍一看，这真是个棘手的难题。

◎ 卡珊德拉的难题 ◎

看到某人没有影响力、无法说服别人的时候，我们都会替他感到很难受。说话的人勉力挣扎着，一心想要抓住听众们的注意力，可听众里有人茫然地看着他，有人歪着头，有人打哈欠，还有人疑惑地瞄着他。希腊神话中，阿波罗将预言能力赐予了卡珊德拉，以为这能换得美人心，可是卡珊德拉却冷脸相对。阿波罗没有夺走她的预言能力，却加上了一道诅咒：听到她预言的人绝不会相信她。这真是个棘手的难题啊。

鲍勃遇上的就是卡珊德拉的难题，即便是最有才华的领导者也会受到它的滋扰。对老板的威信杀伤力最大的，莫过于失去劝说、影响和激励他人行动起来的能力了。想象一下，如果你失去了以下能力，会是怎样的情景：

- 解决冲突与争执。
- 维持办公室的和谐气氛。
- 鼓励下属们积极实现高绩效。
- 说服他人接受新想法或新产品。
- 推动重大的战略革新时，赢得他人的支持。
- 带出一支高效能的团队。

为什么黛安能够漂漂亮亮地完成这些领导职能？为什么鲍勃做得这么差？如果你打破砂锅问到底，把所有相关的研究结果都翻个遍之后，你会遇到两个非常简单但也十分棘手的事实。那就是，人们：

- 不认同你这个人。
- 不认同你传达的讯息。

在探讨为何会出现这种现象之前，咱们先来看几个很有用的术语。

◎ 影响、说服、操纵 ◎

许多人都把影响、说服和操纵这三个词混在一起用，但它们都有各自的具体含义。

想要影响别人，你需要赢得对方头脑和心灵的双重认同，由此感召他们拿出行动。当领导者已经与追随者建立起信任关系，并拥有良好信誉的时候，影响力就能发挥作用了。黛安头一次遇到人的时候，都会努力地用自然而友好的方式去了解他们，她希望跟团队里的每个人都建立起牢固的关系。而鲍勃没有跟大家建立起这样的关系，所以他经常无法影响他们。

说服侧重的是理性方面，某人的话很有道理，所以听众采取了行动。说服背后的驱动力是数据，不是情感。说服者持有大量的证据，即便说话人与听众之间不存在很深的联系，说服也能见效。当黛安想要签下新客户的时候，她会把手上所有支持性的事实、统计数据和研究结果都拿出来，以说服对方为目标，给客户做一个演示。

操纵位居这两者之间。操纵者关心的是自己的欲望，而不是群体的福祉。很难给它下个简明的定义，但遇到操纵的时候，大多数人都能觉察出来。如果鲍勃或黛安是为了追求升职或加薪而采取某个行动，那就算得上是操纵了。看到这种行为的时候，同事们都能看得出来。

最近，有位同事跟我说起他之前的一个下属。"米歇尔是我认识的人中最友善的了。就算是走进一屋子陌生人中间，她也能交上一大堆朋友。"

33

然而,这位同事却发现米歇尔的行为中有些让人不安的感觉。"她好像把每个人都当做踏脚石,而不是真心实意去关心朋友。"尽管直觉告诉他这是个糟糕的征兆,可我这位朋友还是没听直觉的话,录用了她。

渐渐地,他发现,米歇尔结交的那些"朋友"也对她越来越怀疑了。就连她的崇拜者们也开始感觉到,她跟他们打交道并不是为了互惠互利,而只是为了她自己。比如说,如果某人没能给她引荐她想结交的人,她就会终止这段友谊。如果有谁离开公司和这个行业,无法再对她的职业发展有帮助,她就彻底斩断跟人家的一切联系。她的一个熟人说:"我喜欢米歇尔,真的很喜欢。她很有魅力,把人迷得五迷三道的。可是,要是你不许她踩着你往上走,她的狰狞面目就露出来了。"最初,肤浅的甜言蜜语十分见效,但操纵手腕很快就会暴露出来,结果适得其反。米歇尔的说服和影响不起作用了,最终她的声誉受损,而且没法弥补。

◎　为什么人们不听我的?　◎

我们暂时把重点放在影响力上,这是因为,如果你希望别人听取你的意见,影响力是至关重要的一环。为什么有些人能够轻而易举地让别人认同她的观点(比如黛安),而有些人却很难做到(比如鲍勃)? 答案就是"力量",以及它与可信度和影响力的独特关系。在下文的探讨中,"力量"指的是影响他人的能力。没有这种力量,你就无法影响他人。如果与对方没有情感联系,你就使不出这种力量。这样,我们就回到了这个前提:有了情感联系,你才能影响对方。

力量并无好坏之分。我们为它赋予含义,并且做出选择(如何使用它);当别人对我们使用力量时,我们又该如何做出回应。归根结底,力量是一种责任，是个人、追随者和情境的综合产物。孩子和父母之间的关系最能说明问题。在家庭中，孩子的力量都是父母给的。孩子可能会通过吵闹、要东西或是发脾气，来引起大人的注意。单凭这些行为，孩子是得不到力量的。孩子的力量有多大，要看父母如何回应这些行为。如果他们让孩子得偿所愿，那孩子就有了影响他们的力量。

人们运用力量和回应力量的方式非常复杂。1959 年，心理学家约翰·弗伦奇(John French)和伯特伦·雷文(Bertram Raven)设计了一个模型来帮助人们理解各种类型的力量。后来，伯特伦·雷文、阿里·克鲁格兰斯基(Ari Kruglanski)、保罗·赫塞(Paul Hersey)与马歇尔·古德史密斯(Marshall Goldsmith)把最初的模型扩展成了七个大类：

● 法定力量(legitimate power)。这种力量来自于某人在组织内的头衔或职位，以及他人是如何看待这个头衔和职位的。拥有这种力量的人可以轻易地影响他人，因为他们的职位就意味着力量。如果黛安升任了公司的 CEO，而下属们也认为她配得上这个头衔，那么当她发挥这种法定力量时，他们就会做出积极的回应。

● 胁迫力量(coercive power)。这种力量来自恐惧。运用胁迫力量的人通过威胁和恐吓来达到目的，不肯配合的人会受到惩罚。如果鲍勃以权压人，威胁下属说，要是完不成任务指标就降他们的职或炒掉他们，那他就是在使用胁迫力量了。

● 专家力量(expert power)。这种力量直接来自某人的技能或专业知识，或是来自他人对这些专长的认知。专家力量是以知识为基础的。如果黛安拥有一个 MBA 学位，或是拿到了统计分析学的博士，同事和下属们就更容易认同她。这为黛安增添了不少影响力。

● 信息力量(informational power)。这种力量来自于某人掌握了他人需要或想要的信息。手握这种力量的人之所以有影响力，是因为他们控制着信

息的通道。如果鲍勃掌握着某个重要文件的密码，那么每当人们需要看这份
文件的时候，就得听他的号令。

● 奖赏力量（reward power）。人们对这种力量做出回应，是为了获得加
薪、升职和奖励。如果黛安和鲍勃负责对下属做绩效考评，决定他们是否能加
工资、拿奖金，那么他们就拥有一定的奖赏力量。

● 人品力量（referent power）。这种力量来自人的个人品格和价值观，比
如诚实、正直、值得信任等。拥有强大人品力量的人可以轻松地影响崇拜并尊
敬他的人。招人喜欢的黛安拥有这种力量，而令人讨厌的鲍勃就没有。

● 人脉力量（connection power）。这种力量是通过人际关系来施展的。拥
有这种力量的人与他人建立起了重要的人脉关系。但凡是想从这些关系中得
益（或消灾）的人，都会受到他的影响。黛安有种天生的本事，她交友广泛，拥有
一张人脉关系网，这赋予了她强大的人脉力量。

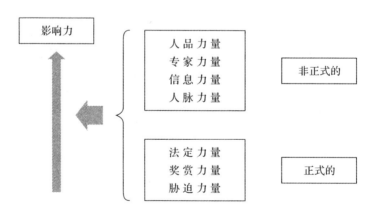

图 2-1　力量的类型

职场中，这七种力量可以粗略地分为两类（请见图 2-1），正式的（法定
力量、奖赏力量、胁迫力量）与非正式的（人品力量、专家力量、信息力量、人
脉力量）。一天之中，一个老板很可能会把每一种都用上。如果想要影响
他人，同时不产生潜在的负面效果，那么人品力量、专家力量、信息力量、人

脉力量这几种比较容易取得好结果。运用法定力量、奖赏力量、胁迫力量的时候，你需要更加留神，因为它们需要的信任程度更高，风险也更大，很容易就会蜕变成操纵。

成功的领导者往往会依靠人品的力量来影响他人，因为这种力量能够最有效地树立起信誉。正如前文所说，信誉、影响和力量三者之间存在密切的联系。谁最信赖你？谁最有可能采纳你的明智建议？正是那些与你建立起积极正面的牢固关系的人。

想要高效地运用人品的力量，你需要培养一连串重要的技能，但这些能力不是那么容易就能锻炼出来的。它们是：

- 妥善管理人际关系中的边界。
- 维持个性的力量。
- 做清晰有力的演示。
- 好好地跟听众沟通。
- 建立信任。
- 展现同理心。

黛安做得非常好。她做得不露痕迹，不费半分力气。她在人际关系中划出清晰的界限，人们都知道在这段关系中能做什么、不能做什么。每一天，她都努力遵照自己的价值观行事。她在提出想法和建议之前，会事先准备一次演示，把她的观点清晰有力地表达出来，而且她很了解听众。她很清楚，如果大家不信任她，那就没人会采纳她的想法，所以，她不会光说不练，而是坐言起行。每天早晨上班之前，她都会提醒自己：如果她跟哪位下属之间出了问题，她一定会停下来，站在对方的角度思考问题。

◎ 人品的强大力量 ◎

　　要分析影响力,我们既要看施力的一方,也要看受力的一方。想想你遇到过的最糟糕的老板。他的影响力为何那么低?在此人的领导之下,你的表现如何?再想想你遇到过的最棒的老板,那位老板是如何行事的?在他的领导下,你的表现又是怎样?我拿我的博士头衔打赌,那位最棒的老板让你感到自己很受尊重,而且很有价值。最糟的那个让你感到自己毫不重要,就像是轮子上随时可换的齿轮。我敢说,你在那位好老板手下工作时,表现得肯定会更好。两者的区别在哪儿?就在人品上。

　　若要比较两个人的影响力水平,全看人性最基本的一面。面对一个真心尊重我们、重视我们,同时我们也尊重他、重视他的人,我们会很愿意听取他的意见,并且跟随他。好比说,你正在跟阿尔伯特说话。他是产品开发部门的主管,极聪明,也很有经验,经常吹嘘自己在斯坦福和耶鲁大学的傲人学历。阿尔伯特跟你谈的是公司即将上市的新产品,但他说话的语气就好像你是个傻乎乎的六岁小孩。你对他的厌恶好似变成了一堵墙,让你听不见他说的话。事实上,由于你根本没仔细听他的演示,向客户介绍这个新产品时,你变得结结巴巴,表现糟糕极了。要是给影响力打分的话,你们之间的这种关系只能打零分。

　　现在,想象一个相反的场景。阿尔伯特把你当成一个值得信赖的伙伴,他仔细地为你讲解新产品的复杂性能,鼓励你提问题,因为他真心觉得,没有所谓不能问的傻问题。他营造出一种舒适和谐的氛围。你像一块海绵一样,尽力吸收产品知识,因此销售业绩好极了。这一次的影响力可以打一百分。

◎ 重要的不是博士学位，而是情感 ◎

从最基本的方面来看，人品力量的目标就是创造和谐的氛围，培养一种建立在互信和情感联结上的关系。在搜索引擎中键入"如何创造和谐氛围"，你会发现有七十万个网站都在跟你保证，他们手上有建立这种关系的秘方。它们包括：

- 做出镜像式的行为。
- 眼神接触。
- 跟对方说话的速度和音调保持一致。
- 仔细听对方说话，然后总结他的意思。
- 呼吸频率要与对方保持一致。
- 记住对方的名字，并在谈话中用上。
- 找到双方的共同点，愉快地寒暄。

这些都属于小花招，但切勿忽视它们的作用。如果真心诚意地去做，它们会非常见效。不过，要确保你没有像照着说明书似的，机械地一步接一步，因为这样会损害你的信誉、力量和影响力。

执掌着一家高端猎头公司的杰森认为自己非常真诚，他打心眼儿里想给别人留下深刻印象。他真心相信自己是个技巧娴熟的领导者，一个非常实在的人，一个很关心人的老板。可是，对于他的举止，员工们都直皱眉头。"他的脑子里就像有张清单似的，告诉他什么时候该什么动作，就像机器人一样，你几乎能听见齿轮格格直响。"一位员工这样告诉我，说话时，他拼命地忍住了笑。

◎ 真诚与花招 ◎

当你想得到某样东西时,单靠几个简单的花招是没法建立起真正的和谐感的。和谐感源自一种真诚的选择,一种由衷地想要善待他人的愿望,它也源自一种根植于内心的价值观,这种人生哲学决定了你对人际关系的看法。有些人把和谐感当做达到目标的手段,比如前文中提到的米歇尔;而另外一些人,比如黛安,在人际交往中会自然而然地营造出和谐感,因为他们真心尊重并重视他人的需求。喜欢操纵的米歇尔能让别人顺从,可她却无法赢得全心全意的承诺。由于想得到奖励,或是害怕惩罚,人们会顺从于某个命令,但他们不会百分百地投入进去,许下承诺——除非他们完全认同这个命令,发自内心地想要去做。当人们发自内心地想要做一件事的时候,效果往往比单纯走过场好得多。黛安太明白这一点了,她永远不会求诸操纵手段。米歇尔的做法大概来自于某一本励志书,而黛安的做法源自内心。你说哪一种能够大力推动组织往前发展呢?

这并不是说,为了影响他人,你必须变成软心肠,情感丰沛得要命,像个超级乐观的阳光大使。好老板不可能成为每个人的知心死党,因为所有的老板都必须做出大量的艰难决定,坦诚地面对绩效欠佳的员工,做出许多困难的、不招人待见的决策。然而,能与人建立起真诚和谐感的好老板在做出艰难决定时,总是能够拿出同理心去理解对方。正如我们之前提到的,与和谐感相伴相随的是责任感。

你可能会说,"可我不是来交朋友的啊,领导力又不是拼人气"。好吧,此话有理。可是,为了你自己,也为了下属,你依然应该与他们建立起情感上的联结,感召他们做出最佳成绩(这个主题我们会在第八章中更加深入地探讨)。如果你只是指挥人们做这做那,没有赢得他们的心和头脑(比如影响他们),你就会失去拥戴,他们肯定不会为你发挥出最好的水平。短期之内他们可能会顺从你,但他们极有可能走出门去,转投对手的阵营。即便是在军队里,下属必须服从命令,但最优秀的领导者依然会营造和谐氛围,发挥强大的影响力。正如老话所说,"下属的态度反映出上司的领导力"。

彼得曾在英国特种部队中取得辉煌战绩,后来成了一家公司的 CEO。他向我讲述了他与两位很有才华的上司共事的经历。吉姆是一个非常严格的军官,不折不扣地按规矩行事。米克也同样有才,但他为人友善,做事从容,当他走进房间时,所有的人都会感到轻松自在。米克的下属敬佩他的军事才能,但同时也对他与生俱来的人性以及让他们感到受重视的做法心服口服。而吉姆的下属虽然也敬重他的军事才能,却把他的成功归结为自私自利。你从来不会感到他的举止是发自内心的,总是有点不够真诚。雪上加霜的是,吉姆从来都不在意下属们的感受。

吉姆和米克差不多同时参加了特种部队里严苛的升职考核,两人在工作能力上的表现都可谓一流。可是,衡量了两人的性格因素之后,面试官选中了米克,放弃了吉姆。就像彼得所说:"万一出了乱子,你愿意跟哪个人共事?是那个你确信会百分百支援你的人呢,还是那个只考虑自己利益的人?"

◎ 大脑与催产素 ◎

到目前为止,我们一直在从商业角度探讨影响力,讨论社会意识和人际关系管理如何帮助领导者获得真诚的影响力和人品力量。现在,咱们透过科学的眼睛来看看它。科学家们认为,一种名为"催产素"的神经递质和荷尔蒙,在促进同理心、信任、同情心、慷慨以及一连串人品特质方面扮演

着重要角色。他们给它起了个外号,叫做"纽带"荷尔蒙。

2004 年,保罗·J.扎克(Paul J. Zak)、罗伯特·库尔兹班(Robert Kurzban)和威廉·马茨纳(William Matzner)汇报了一项开创性的研究成果:催产素如何影响人类的信任建立过程。研究中,受试者要参与一个"信任游戏":两人各自都领到十美元的"启动资金",但互不见面。受试者一(凯莎)从这笔钱里拿出一点来送给受试者二(汤姆),金额从零到十美元都可以,数目全凭她决定。无论凯莎决定送给汤姆多少钱,汤姆真正得到的都是它的三倍。因此,如果凯莎决定拿出二美元送给汤姆,汤姆就会在原始的十美元基础上,再得到六美元。随后,轮到汤姆决定,从这笔总数里拿出一些来还给凯莎,金额随意,一分不给也行。受试者作出决定之后,研究人员就给两人验血,测量血液中的催产素水平。

扎克和同事们把凯莎送给汤姆的第一笔钱视作信任的象征,而汤姆返还给凯莎的钱代表了凯莎在汤姆心中的可信度。他们发现,汤姆的大脑分泌出了催产素,因为他感觉到了对方的信任。他们还发现,汤姆得到的钱越多(代表着对方给出的信任程度越高),大脑中分泌的催产素就越多。汤姆回赠凯莎的时候,大脑中分泌出了更多的催产素。他给出的越多,催产素的量就越大,这代表着凯莎在他心目中的可信度越高。

有趣的是,当凯莎第一次把钱送给汤姆的时候,她的大脑并没有分泌催产素,这个现象支持一个结论:唯有在社交互动时,大脑才会分泌催产素。催产素水平的升高(而不是初始值)表明,信任和可信度慢慢建立起来。在 2008 年发表于《科学美国人》(Scientific American)杂志上的一篇文章中,扎克写道:"因此,人们可以把积极正面的社交信号与互动视作把开关扳到了'开'的位置:开关一打开,大脑就想,'此人已经表明,他/她是可以交往的,是安全'。"(原话载于该杂志第 91 页)。

总体上说,扎克和同事们发现,催产素提高了我们信任他人的可能性。

他指出，虽然人类天生就有彼此信任的倾向，但有时候，人生阅历会把这种神经递质的"触发含量"调整到新的水平。当身边的人际关系和环境让我们感到安全和受人爱护的时候，大脑就会释放出更多的催产素，提升我们信任他人的能力。当我们没有安全感，遭到忽视的时候，催产素水平就会降低，削弱了我们信任他人的能力。

考虑到我们对信任的天生倾向，这个观点揭示出，为何我们会对人品力量产生那么积极的反应——人品力量依靠的是令我们敬佩的个人品质和价值观。正如我们之前探讨过的，有了人品力量的加持，影响力就会大大增强。

◎ 为何人们不认同我说的话？ ◎

即便人们敬佩领导者的个人品质和价值观，但仍然有可能忽视他想传达的信息。或许他们认为这些信息无关紧要；或许信息带来的挑战太难，让人望而却步；或许这些话的声音还不够大，让人没法听清楚。绝大多数情况下，人们不认同你的话，是因为不知为何他们觉得你说的东西不够吸引人。那么，你该如何把话说得充满吸引力，让人听得进去？

◎ 讲个故事 ◎

2011 年 5 月 16 日，卫生局局长助理阿里·卡恩(Ali Kahn)在美国疾控中心(Centers for Disease Control)的官方博客"公共健康很重要"上发表了一篇《僵尸预警指南》。这个点子是一个宣传部门的工作人员想出来的，

他发现,在日本海啸后的核污染危机期间,但凡有人在中心的推特账号中提到"僵尸"二字,网站访问量都会骤增。卡恩认为,如果博文里出现"僵尸"这个词,就会引发人们思考如何为天灾人祸做出准备。他是对的。不仅是"僵尸"这个词儿,还有人们头脑中产生的与僵尸故事有关的联想(比如《僵尸之夜》),引发了访问狂潮,以至于中心的网页一度崩溃。

为何讲故事这么有用?首先,故事能让一个干巴巴的主题变得有趣起来,它们会在人们的脑海中描绘出画面。你没法在头脑中真正画出"约翰爱上玛丽"的画面,但你能看见约翰拜倒在她的石榴裙下,热情地亲吻她。人们没法"看见"紧急场面,但可以想象出僵尸袭来的场景。疾控中心的那篇博文建立在这个事实上:在紧急情况下,我们的大脑往往会"冻僵"(参见第三章),让我们没法理性地思考,但一个精彩故事里的含义,比如童话中的寓意,会深深地镌刻在我们的脑海里,帮助我们记起该怎么做。疾控中心的博文想说的是如何对抗流感,但他们把它嵌入到了一幅令人难忘的饥饿僵尸画面中,从而让人们牢牢地记住了它。

要说有什么方法能让领导者变得更有说服力,那就非讲故事莫属了——把你的重要信息嵌入到一个令人难忘的故事中去。

◎ 大脑会自动填空 ◎

在社交场合中,每个人都带有一系列关于自身、他人和外部环境的独特阅历与信念。与领导者互动交谈的那个人,心中已经预先存有一整套想法、价值观和信念,而且这些东西与领导者的迥然相异。我们在第一章中看到,人们会用自己想要的方式来看待事情,而不是用领导者告诉他们的方式。

而故事为人们提供了一个共同的立场，让大家分享一段共同的经历。尽管每个人对故事的理解可能不尽相同，但人人都能明白故事的意思。虽然在理解上存在细微的差异，但每个人都能明白《蝎子和青蛙》这个寓言的含义：

一只蝎子想到河对岸去，但是河水很深，它知道自己游不过去。它瞧见有只青蛙蹲在旁边，于是就问青蛙能不能带它过河。当然，青蛙拒绝了："你只会蛰死我。"蝎子很肯定地说："不会的，不会的，要是我蛰了你，我也会掉进河里淹死的。"蝎子说服了青蛙。它跳上青蛙的背，开始渡河。在河中央的时候，蝎子突然抬起尾巴，把毒针刺进了青蛙的后背。"你这个蠢货！"青蛙呱呱叫道，"现在咱们都没命了！你这到底是为什么啊？"蝎子耸耸肩说道："我忍不住。这是我的天性。"

故事犹如一根纽带，而且全天下都适用。它激发的是我们大脑中的非理性区域，包括情感的控制中心（杏仁核），而不是那些对事实和数字产生反应的区域（比如控制工作记忆的前额皮质）。它帮助我们理解世界。当某人听到或读到一个故事的时候，她的大脑会自动做出"填空"的动作，直到在脑海中看到全貌为止。你不相信？那就试试下面这个关于大脑的小游戏：

一项来自国英某大学的究研表明，英文词单中的字母序顺其实是无所谓的，只要第一个和后最一个字母是正确的，其他的即使全完错乱也不响影人们解理这个词的意思。这是为因我们读的不是一个个的母字，而是整个单词。

你看懂了，对吧？这是因为你的大脑走了捷径，把空给填上了，或者说，把分散的点连了起来。同样，它也会为我们把故事和经历补全。补全故事，并且受到它的影响，这是我们的天性，这让我们感到安心和信赖。

1944 年，史密斯学院（Smith College）的两位心理学家弗里茨·海德

(Fritz Heider)和玛丽-安·西梅尔(and Mary-Ann Simmel)给受试者看了一段动画:两个三角形(一个较小的蓝色三角和一个较大的灰色三角)和一个粉色的圆圈在一个方框里移动。研究者请受试者描述他们看到的情景。结果,受试者在描述中为这些几何形状赋予了人性色彩,比如动机和意图,"那个圆圈在追三角形","小的蓝色三角形在和粉色的圆圈谈恋爱",或是"灰色的大三角形想挡住蓝色小三角的道儿"。是不是很酷?面对一幅简单的图像,人们都会为它添上精心构思的故事,帮助自己去理解眼前的景象。

科学家们把人类这种讲故事的倾向一直追溯到了进化的早期。早期人类通过讲故事来教导他人,与他人建立同理心和情感联结。纵观历史,人们一直仰赖故事来传递传统,追述传奇故事,实现教育功能。《圣经》可谓是史上最畅销的"行动指南",它就是通过故事来宣讲教诲的。故事远比抽象的哲学原则更容易记。发展心理学家让·皮亚杰(Jean Piaget)认为,人们倾向于从具体推断出抽象,而不是相反。如果你想让人们记住你的意思,那就讲个故事,它的效果肯定比一段缜密的抽象论证强得多。

心理学家们把人类的这种天性称为"心理理论"(theory of mind)。从幼年时期起,人就在不断地完善这种能力——用心理状态(诸如意图、动机和想法)来解释他人的行为(就像受试者在描述三角形和圆形时所做的那样)。这能帮助我们理解他人的行为。心理理论解释了同理心的现象,即人会从他人的视角看待事件,并为这些事件排序,找出因果关系。故事犹如一种可信的媒介,让讲述者用听众可以理解的方式来传达复杂的观点和过程(比如原因和结果)。故事让人更容易"钻进对方的心中"。

范德堡大学(Vanderbilt University)的詹妮弗·埃德森·艾斯卡拉斯(Jennifer Edson Escalas)在 2007 年的一项研究表明,一则讲故事的商品广告比一个需要观众去思考其逻辑的广告效果更好。2006 年的一项研究把这个概念又往前推进了一步,研究人员梅拉妮·柯莱特·格林(Melanie Colette Green)等人发现,带有"事实"标记的信息会引起更多的理性分析,而标有"虚构故事"的信息减少了批判性思考。这意味着,人们更容易照原样去接受一个故事,但面对一个抽象的逻辑论断时就更容易提出质疑。

某些有趣的研究认为,讲故事会增进人与人之间的神经联结。2010年,普林斯顿大学(Princeton University)的神经科学家格雷格·斯蒂芬斯(Greg Stephens)、劳伦·西尔伯特(Lauren Silbert)和尤里·哈森(Uri Hasson)发现,当一个人在讲故事的时候,听众们的大脑出现了同步的倾向(比如出现了同样的情绪起伏)。研究者们记录下两个人(一人说英语,一人说俄语)在讲述一个未经排演的长故事时的神经活动,随后他们让十二名说英语的听众来听这两段录音,同时记录下这些听众们的神经活动。斯蒂芬斯和同事们发现,成功的沟通(例如听众听懂了那个用英语讲述的故事)导致了神经耦合。尽管这些结论还需要更深入的研究,但它们的确支持了这个观点——故事在讲述者和入迷的听众之间创造出了一种心智的圆舞。

总结起来就是:如果你希望人们能专心听你说话,记住某个重要的事情,并从中汲取经验教训,那就给他们讲个故事,就像使用僵尸隐喻的局长助理和与全世界分享梦想的马丁·路德·金(Martin Luther King Jr.)所做的那样。

◎ 认同的三个级别 ◎

如果你希望改变他人的态度或行为,那你需要向他们传达强有力的信息,借此让他们认同你,愿意做出改变。通过掌握认同的三个级别,你可以更有把握地让人们在态度和行为上都作出改变。认同的级别每提高一级,

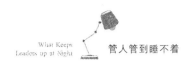
叙述就越深入,并且更容易让人们做出承诺。

第一级是基础,此时起作用的是"劝说"。人们在理性层面上接受你的观点,事实和数据会起作用。

近期坐过出租车的人都会看到"为了安全,请坐在后座,并扣上安全带"的警示语。你的大脑可能会处理一下这条事实性质的信息,然后迅速地忽略它。这句话并没有改变你的行为,因为它缺乏情感。就算是吓唬也没多大帮助,正如人们经常无视五十美元罚金的警告。

冷冰冰、硬邦邦的事实无法触及情感,但故事可以。事实不会为影响力染上人性的色彩,但故事可以。事实不会激发热情,引发灵感,但故事可以。与事实不同的是,故事能让人们的心捕捉到事件中蕴含的人性成分,与之联结,并深深记在心里。

在第二级,情感参与进来,对结果产生影响。事实与语言或视觉糅合交织,触动了大脑中的情感中心。讯息变得更有力、更容易记住、更有影响力。下文说的同样是系上安全带的重要性,但换了一个形式。这条新闻报道的是 2001 年一个名叫辛迪·杰伊-布伦南(Cindy Jay-Brennan)的女子的悲伤故事。

年轻姑娘辛迪在拉斯维加斯中了大奖,近期刚刚结婚,正准备跟丈夫去度一个延迟了的蜜月。有天晚上,她跟妹妹出去玩,回家的路上,她开车,姐妹两人没有系安全带。在路口等红灯的时候,一辆酒驾的车子撞上了她们的车。辛迪的妹妹死了,辛迪瘫痪了。

读完这则故事,你下次钻进车里的时候,大概就会系上安全带了。

到了第三级,某人讲述的亲身经历具有最强大的影响力。最近我在拉斯维加斯坐出租车的时候,司机对我讲了这个故事。

那姑娘二十来岁的时候,我曾经跟她共事过。她在我工作的那家餐馆里当酒吧服务生，真是个可爱的姑娘。有天晚上去见男朋友的路上，她往老虎机里丢了几个硬币，结果中了百万美元的大奖。太神奇了。可是有天夜里她跟妹妹开车出去，等红灯的时候，一个醉驾司机撞上了她们。两人都没系安全带。她妹妹死了，她当时就瘫痪了。最近我去看过她，太糟糕了，她都没法自己吃饭。

当我问司机是否在拉斯维加斯见过很多醉驾司机的时候，我的眼眶湿润了。他回答说："哦，见过，到处都是。"我立即系上了安全带。为一条有影响力的讯息添上个人色彩，这不仅会促使人们改变行为，还会改变价值观和态度。我如今已经养成了习惯，一上出租车就会系好安全带。

但是，你一定要把讲故事的度控制好，别弄得大家一听你说话就皱眉头，担心你又要滔滔不绝地讲又臭又长的烂故事。最出色的讲故事人会审慎地使用故事，根据当时的情境作出调整，让它符合自己的个性，也适合听众，而且会确保它传达出正确的讯息。

◎ 转换沟通风格，传达正确讯息 ◎

在我们认识的人中，总有些人能让我们畅所欲言，也总是有些人让我们感到不自在、一句话也不愿意多说。这都是因为沟通风格。有些沟通风格就像磁石一样，能把我们吸引过去，有些则会把我们推开。总体说来，这跟谈恋爱有点像。苏珊是一个身材高挑的哈佛毕业生，是红袜队的死忠球迷。她更容易看上从波士顿大学毕业、曾经打过棒球并且也热爱红袜队的托尼，而不是一个身高一米六、高中学历、认为洋基队战无不胜的水管工。婚恋调查显示，总体来说，我们更愿意与和自己的外貌和吸引力相当的人约会。在影响力中占据重要地位的沟通风格也是一样。

最出色的沟通者和影响者能够读懂听众的心，他们会调整自己要说的话，使之符合听众的背景和偏好。互动方式的灵活转变是优秀沟通者的明确特征。无论是面对熟人还是陌生人，能够娴熟地转变沟通方式的人都会让对方感到自己有价值，受人尊重。这些能够转换沟通方式的人掌握了"适应性影响力"的艺术，可以针对听众的期望、能力和个性来调整自己的影响力风格。

研究者们做出了大量工作，帮助我们深入了解沟通这件事。在这里，我们重点要讨论的是沟通与"表达的直接程度"和"接受方的社交能力"这两个维度的关系，按照维度的高低划分，总共形成了四种沟通风格。

直截了当

杰斯敏，这个周末你要加班，按时完成这个项目。	卡罗尔，你知道，我们现在的情况很棘手，周一有很多工作都到了最后期限。我们需要每个人在周末加班加点。咱们来讨论一下你最喜欢的工作方式，好让你既能把活儿做完，也能过个开心的周末。
莉兹，这个项目我们需要在周一前完成，有你参与，我们才可能按期做完。	乔，我知道你这个周末有很多安排。周一之前，我们必须得完成这个项目，这个活儿缺了你是不行的。你怎么看？

社交能力低　　社交能力高

委婉

图 2-2　沟通的风格

图 2-2 显示出前文案例中的黛安是如何与团队中的四名成员沟通的。

其中两人已经在团队中待了很久，喜欢直截了当的沟通方式。这两人中，一人的社交能力很高（卡罗尔），另一个较低（杰斯敏）。而另两个人刚加入团队没多久，他们更喜欢委婉一些的沟通方式，其中一人的社交能力较强（乔），另一人较弱（莉兹）。需要记得的是，在这个案例中，我们是按照理想情况来划分团队成员的性格的，而在实际生活中，人的偏好不会这样黑白分明。

如果黛安喜欢强势的影响力风格，她可以对团队中的每个成员都更加直截了当。然而，面对新来的乔和莉兹（她与这两人还没有建立起亲密的工作关系），她选择了比较委婉的沟通方式。对于老部下卡罗尔和杰斯敏（这两人已经非常敬佩她这个上司了），她可以更直白地说出心里话，但她依然充分尊重了两人在沟通偏好上的细微差别。在未来的几个月里，黛安需要花费格外的心力，好让乔和莉兹知道，当她跟他们沟通重要信息的时候，心里头是惦记着他们的利益的，她理解他们的特殊需求，尊重他们每一个人。然而，在真实的世界中，无论你怎么做，有些喜欢委婉沟通方式的人永远不会喜欢直截了当的沟通风格。这是他们的天性。所以，每一种沟通方法你都要掌握。

◎　人际关系哲学　◎

做出改变是需要花时间和花力气的，谁都一样。如果要改变的是沟通方式，那就更是如此，积习难改嘛。人总是更愿意使用老方法，即便它引发了问题、破坏了领导力，也还是不想改。然而，如果能够和别人建立起更有成效的人际关系，更高效地影响我们的同事、下属，甚至还有上司，我们会大大受益。想要做到这一点，你需要放弃那种人人都习惯依赖的、无意识的行为，有意识地使用人际关系哲学（relational philosophy），这种哲学建

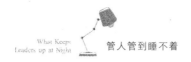
立在高度的社交意识和更为娴熟的人际关系管理技能之上。人际关系哲学的意思是,每一次(而不是偶尔)跟人打交道的时候,你都要想着对方的需求和立场。出色的人际关系哲学具备如下特征:

- 建立共识,提供支持。

- 感召他人,激发热情。

- 看到、重视并恰当地奖励人们的长处。

- 有技巧地指出别人需要提高的地方。

- 提出挑战,激发创意,促使别人进行批判性思考,做出创新。

- 认识到人人都有各自的视角,能够解决冲突,并把大家聚拢在一起。

- 与他人合作,并且创造一个有助于合作的环境。

- 带着同理心对待他人,鼓励大家留心他人的情绪线索。

- 引导并帮助人们积极地倾听他人的声音。

- 展现出责任心、感知能力,让大家看到你是个值得信任的人。

- 培育组织内外的人际关系。

这些特质描绘出一名拥有强大人品力量的优秀老板的形象。回想你在本章开头想到的最好的老板和最差的老板,那个最好的老板拥有几项?最差的那位缺失了哪些?

需要注意的是,当老板的也可能会以操纵的方式来错误地使用这些特质。如果黛安嘴上说着要树立共识、支持他人,却坚持让每个人都按她自己的方式做事,或者她并不是真心实意地营造一个相互协作的环境,听不进去他人的建议,人们就会把她视作一个爱操纵别人的人,缺乏社会意识和关系意识,并且针对她的行为想出对策。有意识地、真诚地希望与下属建立联结的领导者,必须要在下属开口之前就积极地倾听他们。

◎ 倾　听 ◎

人人都能学会真正的倾听。你可以在吃午餐时，跟几个人做做下面这个练习。首先，你来讲故事，可以用上盐瓶、咖啡杯、糖包和水杯来代表故事中的这几个人物：

一个名叫爱丽丝（A）的漂亮女子住在河边的小屋里。这条河很宽，水也很急。她疯狂地爱上了住在河对面、英俊又富有的鲍勃（B）。有一天，她带着所有的钱，请船夫克里斯（C）带她过河。船夫索要的船费是她身上钱的一倍，但他承诺说，要是她肯脱光衣服并把它们留在岸边，他就只收她一半钱。她震惊地拒绝了，逃回了家。但她实在太想念对岸的爱人，所以次日她回到渡口，脱下衣服，爬上了船。

一到对岸，她裸着身子匆忙跑到鲍勃家门口敲门。他让她进来，开心地跟她一起度过了五天。第六天，他承认自己从没爱过她，并且无礼地把她赶出家门。裸身又心碎的爱丽丝找到船夫，可船夫却嘲笑了她，把船划走了。

爱丽丝知道鲍勃的邻居、伐木人阿唐（D）一直热烈地爱着自己，因此她去敲他的门，央求他收留。"这一周来我一直在观察你，"阿唐说，"你已经彻底失去了贞节，我绝不会让你进门的。"说完后，他当着爱丽丝的面重重地关上了门。

绝望又没有衣服穿的爱丽丝跑进了旁边的森林，被一头熊吃掉了。

现在，请你的听众们把对这四个角色的赞同或尊敬程度按照依次递减的顺序列出来。结果肯定因人而异，然后你请每个人解释一下自己的排序。这会引起热烈的讨论，每个人的解释都会在很大程度上展现出他/她的价值观。你不必提出观点和参与讨论，而应该仔细地听大家怎么说。极

有可能的是,这会变成一个非常困难的练习,因为这就像争论政治和宗教话题一样,道德和价值观的议题会激发出强烈的情绪,人会自然而然地忽视他人的观点。

你可以借助这个主动倾听的练习来提高自己"不做主观判断"的能力,真正去倾听他人说出的话。这不仅会增强你的倾听能力,还会增强你的同理心,而这些正是伟大领导者的核心素质。

积极倾听的五部曲

第一步:还记得我们在第一章中提到过的"两只耳朵一张嘴"吗?闭上嘴,竖起耳朵。关掉头脑中的那个声音——它在不停地做出假设,对说话人做出主观臆断,让你忙着去想下面该说什么。不要接话茬,也不要打断对方的思路。

第二步:倾听情绪。人们不大会经常直接地表达自己的情绪或忧虑,对老板尤其如此。你要特别留心那些表达情绪或需求的词语,以及那些能够反映出说话人情绪的非语言行为。

第三步:重述对方刚刚说过的话,来确证你自认为听到的东西。重述有助于验证准确性和理解程度。如果你认为对方通过语言或身体语言表达出了任何情绪,请你做出确认。要小心的是,在重述时切勿鹦鹉学舌,对方可能会认为你是在模仿他,而且不够真诚。

第四步:确认了对方的意思之后,补上你的观点。但是,不要做任何评判。特别想批评或反驳对方的观点或情绪时(我们经常会这样做),一定要闭嘴!这种批评或反驳会削弱同理心,不利于关系的建立。

第五步:说完你自己的意见后,注意观察对方的身体语言、言语或情绪上出现了什么变化。跟对方确认你观察到的东西是否准确,然后继续讨论。

◎　身体语言　◎

最近我接待了一位名叫乔尔的软件工程师，他是一支销售团队中的产品专家。乔尔是个很和善的人，非常聪明，对自己的产品了如指掌。他为团队和客户提供了大量的产品信息。尽管他被誉为"产品百事通"，可对产品有问题的客户总是去找团队领导或其他团队成员求助，就是不找他。这让团队中的每个人都感到十分挫折，乔尔就更不用说了，因此他来找我做咨询。

我跟乔尔面谈了一次，就发现为什么客户在有问题时总是不愿找他。答案非常明显。他说话时声音很大，十分强势，身体前倾，做出咄咄逼人的手势来强调自己的观点。你明白我的意思吧。当我向他提问的时候，他就靠回椅背，交叉双臂放在胸前，皱着眉头，还经常叹气。他的身体语言和次语言（para-verbal，例如语调、音量、音调变化、叹气、喘气等）从强势有力变成了封闭和不愿接受。用不着心理学博士学位，你就能看出问题出在哪儿，也能知道人们为什么不愿接近他了。

谈话结束后，我问乔尔，能不能把我们的咨询过程录成视频。他同意了，接下来的那次咨询之后，我们一起观看了视频。就连他自己也能看出，他的身体语言和手势带着威吓的意味，会让客户感到不舒服。"老天爷啊，我这副样子真欠揍！"他脱口而出。

人人都知道，沟通不仅仅是说话。通过身体语言，我们会传达出强有力的讯息，尤其是面部表情、手势、身体姿势，更不用说还有音调和语调的变化。如果你忽略了沟通中的非语言因素，那就好比是为误解和误读备下了肥沃的土壤。假设你的狗被车撞死了，电脑又中了病毒，害得你精心准备的一份报告泡汤了，每周一次的偏头痛又同时发作，弄得你的脑袋像要

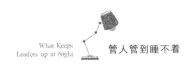

裂开一样。此时,你最好的朋友走到桌前,问你怎么样,你说"挺好,谢谢"。可她能从你消沉的模样、痛苦的表情和萎靡不振的语调中感觉到你一点都不好。尽管你嘴上那么说,她还是能给你送来同情和支持。

现在,假设有一位客户在即时通讯软件上问了你同样的问题,你的回复也一模一样。客户就按字面理解了你的意思,于是开心地跟你聊了起来。屏幕上的字句更加重了你沮丧的心情,沟通很快就变了味,尽管那位客户一点也不明白个中原委。隔着即时通讯软件,她无法看到你的身体语言,也没法解读你的非语言信息。

身为领导者,你必须密切关注人们的身体语言和次语言的线索,观察对象包括你自己,也包括你的下属。这不仅限于面对面的沟通,你还要留意电子媒介的沟通,因为打电话时的语调和电子邮件中的闲聊会导致大量严重(而且毫无必要)的误解。

就像咱们在这本书中探讨的诸多话题一样,看到别人的身体语言和次语言沟通讯号总是比看见自己的容易。朋友和同事能够帮你提升你的自我觉察力,视频其实也可以,它让有问题的身体语言和次语言清清楚楚地呈现在眼前,直白到令人难堪。对身体语言和次语言沟通的解读能够为你揭示成百上千条线索,但你应该从最基本的两条入手——在沟通中,你或他人抱持着怎样的心态?是开放的,还是封闭的?

● 封闭的身体语言和次语言沟通:交叉的双臂或双腿,紧张不安的身体动作,单调或无趣的声调,目光游移,一心扑在周边事物或掌上设备中。

● 开放的身体语言和次语言沟通:朝你倾身,身体保持不动,而且呈现一种专注的姿态,手势自然,语调开放,有自然的眼神接触,手臂呈开放状态,不会全神贯注于周边事物或智能手机上。

你极有可能两种情形都遇到过。当你想要传达一条重要讯息时,有没有把对方的身体语言和次语言沟通考虑在内？你有没有发觉自己表现出了封闭的身体语言，随后就调整了自己发出的讯号？无论是哪种情况，你都可以经常向自己提出几个面对面沟通中与身体语言和次语言沟通相关的重要问题：

- 此刻，我的感受是什么？对方的感受是什么？
- 我的坐姿或站姿是什么样？
- 我的面部表情说明什么？
- 我如何判断某个成果是否值得期待？
- 为了达到预期成果，我是如何说话和行动的？

在电子媒介的沟通中，你可以这样问自己：

- 我说话的语调或打出来的字句的语气会对对方造成怎样的影响？
- 不同的字体格式（黑体、大写、斜体）和表情符号会对读者造成什么影响？
- 寒暄语、停顿、带有情感的声音和背景噪音会如何影响听者的体验？是让他们更专心，还是会让他们分心？
- 我该如何避免发送那种很容易引起接收人误解的信息？

在沟通进行当中很难有空提出这种问题，但你可以在沟通结束后好好想一想。更有效地控制自己发出的讯号，更精确地解读他人的讯号，都能显著地提升你与别人的沟通和互动质量，并增强你对他人的影响力。

◎ 本章小结 ◎

归根结底，我们发现，优秀的老板拥有强大而积极的影响力。会远远地避开操纵和虚伪，摒弃那种虚假的信任和自信。他们把人际关系建立在

真诚的信赖和自信之上,会细心呵护这种关系,并由此获得影响力。因此,人们信任他们,愿意接受他们传达出的讯息。

影响力高手明白,她最大的力量来自于真挚而诚恳的人际关系,而这种人际关系来自于一个有意识的抉择:在她的人生哲学中,重要的是如何与他人互动,而不是从他人那里得到什么。

人类天生愿意与别人交往,构筑人际关系,而关系的地基就是信任和相互影响。虚伪、对权力的误用、希望快速获得影响力而使用操纵手腕,这些都会破坏它的地基。如果你一心善待他人,尊重他们,让他们知道你重视他们和他们的工作,你就会得到同样的回报。你的影响力会提升,你会在商界里取得成功,也会收获幸福的人生。

What Keeps
Leaders up at Night

第三章

为何我会在压力下失态？

里克·雷斯科拉(Rick Rescorla)是摩根士丹利(Morgan Stanley)世贸中心(World Trade Center)分部的首席安全官。他认为恐怖袭击是在所难免的,所以他已经让大家预先做足了准备,可他没有想到的是,袭击的规模竟会如此严重。雷斯科拉受过专业的军事训练,在英军和美军中都服过役,因此他非常清楚,面对压力时,领导者的行为将决定他自己和部下的生死。

1993年,世贸中心遭遇了一次未遂的卡车炸弹袭击,从那以后雷斯科拉就确信,恐怖分子肯定会再来攻击这座大楼。他向摩根士丹利的董事会发出警示,促请他们考虑把办公室搬迁到别处。可公司已经签下了长期租约,无法搬迁,于是他开始训练公司的2700名员工应对危机。为了确保员工们在危机事件中尽可能地做出可预测的行为,雷斯科拉举行了频率高得惊人的紧急疏散演练,每隔几个月就要来上一次。他才不在乎哪个股票经纪人正要签下几百万美元的合同,如果可能的话,他就亲自揪住那家伙的领带,把他拖下40层楼,带到安全地带。2001年9月11日早上,雷斯科拉的训

练拯救了摩根士丹利的绝大多数员工,2700 人中只有 14 个没能脱身。他冲回大楼去帮助别人逃生,却没能在大楼倒坍前跑出来。那天,他牺牲了。

这个伟大的人知道,在重压之下能否生存下来,全看一个人面对艰难事实和掌控情境的能力。无论你面对的是突然到来的压力,还是持续很久的慢性压力,唯有知识和训练能帮你渡过难关。9·11 之后的访谈中,许多幸存者坦承,他们不知道该如何从大楼中疏散,所以错失了宝贵的逃生时间。有些人说他们听到了留在办公室里的命令;还有人说,他们吓呆了,不知该如何是好,因为当时没人展现出果决的领导力。与此形成鲜明对比的是,雷斯科拉那"烦人"的演练教会了摩根士丹利的员工该怎么做,当警铃响起的时候,他们知道该怎么逃生。

当骇人的、压力极大的情形发生时,1400 多个生理反应会席卷我们的大脑和身体。当心智和身体都处于狂乱状态时,人是很难保持冷静和镇定的。雷斯科拉知道,唯有通过精心准备,他才能克服这种自然反应。能够妥善应对压力的人都明白这个道理。就算是那些看上去天生就很"成熟"的人,其实也自行做过在重压下保持冷静的准备。

在当今这个快节奏、充满变化的商业世界,你要面对的压力多得惊人。压力会日复一日地累积起来。这就是职场的常态,它不可能改变。但你面对压力的反应是可以改变的,你需要学习如何妥善地应对压力。

为什么你要学习应对压力的技能?因为未经管理的压力——这个当今职场上最被人低估的因素,能把你的公司置于死地。没能好好管理压力的领导者会在压力之下犯更多错误,而且还会用那个老掉牙的借口来为自己的错误找理由:"噢,当时我压力很大。"如果你经常拿它当借口,这很快就会变成一个让你上瘾的恶习。别人会给你贴上一个"压力老板"或"在压力之下会崩溃"的标签,到最后,这会让你失去下属的尊敬,最终害你赔上工作。

◎ 好压力和坏压力 ◎

压力分为两种:积极压力(eustress)和消极压力(distress)。前者是好压力,后者是坏压力。积极压力发生在积极正面的体验中,比如站在这辈子首个十千米长跑的起跑线上,或是在人生第一所房子的贷款合同上签下名字。而消极压力发生在消极负面的体验中,比如看到大白鲨的鱼鳍在你冲浪板四周转悠。未经妥善管理的消极压力会引发出威胁生命的身心健康问题,比如心脏病、中风、焦虑、抑郁,或者更糟。

好好管理的话,压力其实是件好事。它是一个讯号:你必须做出某些事情,以便适应情境。正确的反应能让你生存下来。数千年来,面对压力的正确反应让人类得以存活。永远也不要忘记:压力不是坏东西。适量的压力会激励我们,让我们高效能地应对困难。专一、即时、可战胜的压力因素能帮助人们实现目标,完成工作。

帮助咱们的老祖先生存下来的那一套生理和心理系统,直到今天依然在发挥作用,它让人类存活并保持警醒。然而,威胁生存的因素已经变了。人类的大脑和身体有一套十分完备的机制,可以应对突如其来的压力。比如在营地里惊现一头棕熊,或是一场毫无预警的暴风雪,这些都是我们所谓"急性压力"的典型例子。我们会立即作出反应。但是,这套适应机制不大能处理好对生命威胁较小、持续不断的小烦恼和小麻烦(而这些正是现代生活的特征),我们把这些称作慢性压力。情况往往是,心理、金钱、社会、环境、人际关系、技术等方面的压力因素时时刻刻困扰着我们,一年到头,从不间断。

你该如何管理这些压力?更重要的是,你认为自己能不能处理好?天

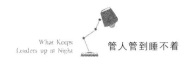
降大难也好，上班路上轮胎漏气也好，当你感知到的挑战超出了你自认为的压力处理能力时，你很可能就会发现，你的情绪、认知和身体状态开始变得一团糟，你的脸红了，心跳加快，大脑仿佛不会转了。

就算你认为自己是个镇定的人，日常生活的压力因素也会在你脑海中作祟，奏出一支不和谐的身心之曲。想想纽约市长鲁道夫·朱利安尼(Rudolph Giuliani)，他在9·11的极端高压之下依然保持冷静和镇定，把纷乱嘈杂的噪音变成了一支和谐有序的交响曲。你也可以学会处理压力的方法，即便是内心中最混乱喧嚣的噪音，也能被你转变成悦耳之声。

心理学家们知道，面临压力时，如果人们握有能帮助他们高效行动起来的信息，就能好好应对压力。在压力之下，他们感到自己可以控制接下来要发生的事情，最起码也能强有力地影响它。为了学会这个，你必须要了解一些神经学和心理学方面的"火警"知识——只要你感受到了压力的负面影响，这些警报就会在你的头脑和身体中尖叫起来。本章的稍后部分会写到压力管理的工具，但是，在你练习使用这些工具之前，你需要知道在某些特定情境下，它们为什么能起作用(或不起作用)。

在这一章中你会看到，当压力警报响起的时候，你的大脑中会发生什么事，你的想法和情绪会出现哪些变化？你会了解到有"弹性"的大脑是怎么回事，为什么有极少数特别冷静的人即便遇上最疯狂和最抓狂的事情也依然能妥善应对？这是不是意味着从今以后，你再也不会在重压面前失去冷静呢？不，失去冷静是人的天性，这样你才知道你依然活着。而这是一件好事。

◎ 尖啸的警报 ◎

明媚的周二早晨,你摇下车窗,开车上路。你已经做过了早锻炼,还吃了一顿健康的早餐,你的心情好极了,期待着美妙的一天。你听着最喜欢的歌,还跟着一起唱。突然之间,尖啸的警笛打破了早晨的宁静,两辆警车出现在你的后视镜中。

你知道这种场面会让人做何感想。你的心脏仿佛就要从胸口蹦出来一样,你有点想吐,耳朵里也开始轰轰响。接下来该怎么办?应该加速开走,还是靠边把车停下?你是个遵纪守法的市民,所以你靠边停车了。你依然能感觉到血液好似在耳朵里澎湃激荡,你的呼吸变得急促,汗津津的手抓住救命的方向盘。你刚刚经历了一场急性应激反应,心理学家们把这称作"短期战/逃模式"。

当出乎意料的警笛声传到耳中时,这个反应在你的身体中激活了上千项生理变化。任何形式的意外事件,从温度变化到一道闪电,都会让身体出现一些基本上可以预测的反应,此时,我们的感官(眼睛、耳朵、鼻子、皮肤和舌头)正在吸收新的讯息。在上面这个路边停车的例子中,你的耳朵接收到了第一条惊吓消息,然后在你的大脑和身体中引发了一连串神经反应和生理反应。

警笛声引发了大脑的反应:下丘脑(也就是保持你的身体系统稳定运行的脑区)被激活,它号召整个系统活跃起来,以便保护你。下丘脑首先激活了"硬件"神经系统,即自主神经系统(ANS),它掌控着所有那些你不会操心的机能,比如呼吸、心跳、体温调节和消化。它还向身体其余的每个系统提出警示,表明现在需要采取行动。它用上了交感神经系统(SNS),在

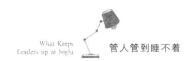

战/逃反应中,这套系统会为身体提供能量,令生理系统加速运转。它促使身体分泌肾上腺素和去甲肾上腺素,这些生化物质会激活神经通道,让身体做出快速反应。下丘脑还会激活内分泌系统,这个系统会分泌出数十种荷尔蒙,并释放到血液中,其中包括调节情绪的皮质醇。

警笛声响起的几毫秒内,皮质醇、肾上腺素以及四十余种荷尔蒙已经让身体中的每个细胞和每条神经都做好了准备,要么去对抗威胁,要么就赶紧逃开。一旦警员关掉警笛,你坐在那儿等待警察走过来的时候,副交感神经系统(PNS,又名"休息和消化"系统)就帮忙关闭了战/逃反应,让荷尔蒙、各个器官和系统恢复到压力袭来之前的水平。

你能想象到这个场景。警笛响起,你的身体像疯了一样加速运转,可你慢慢意识到,朝你走来的那个面带微笑的警官不会杀了你,于是你的身体开始平静下来。在当今的工作场所中,有无数情景都会引发这一连串反应:老板召开紧急会议,火警响起,三个同事突然之间丢了工作,一位重要客户威胁说要转投别家。无论这些情景多么可怕,它们都终会过去。单是提醒自己这一点,就能在情急时刻帮上大忙,让你保持冷静。

然而,值得一提的是,任何一种由肾上腺素驱动的警报反应都会持续一段时间,即便是威胁已经过去了,它还会久久不散。压力在瞬间踩下了油门,但把车刹住,让身体恢复完全平静却还需要很长一段时间。

我们天生就会高效地应付紧急压力,这是求生的本能。用的次数不算太多的时候,它的效果最好。咱们的史前老祖先偶尔会遭遇到潜行的剑齿虎。如今的职场上不大会出现剑齿虎,但一天下来,会有相当多的、会咬人脚踝的吉娃娃小狗成群结队地攻击我们。持续不断的心理、社会和财务问题,层出不穷、速度越来越快的变化,工作超量、对工作不满意、信息过量以及一切"低烧型"麻烦,都是当今商业社会的典型特征。尽管我们的胜利反应机制可以令人叹服地应对突然来袭的急性压力,可它却不那么擅长处理慢性压力,也就是那些没完没了、吱哇乱叫的吉娃娃们。这种慢性压力引发的反应被心理学家称作"长期战/逃模式"。

长期反应要仰赖荷尔蒙分泌物(特别是主管情绪调节的皮质醇),我们对于某个特定威胁的感知程度决定了内分泌系统制造出的荷尔蒙的类型和数量。持续不断的"轰炸"——闪烁的灯光、电话铃声、电邮到来的通知声、生活与工作上的责任,会搅和出一道化学物质的大杂烩,让我们的身体处于长期的急躁状态,而这会损伤记忆力和学习能力。疏于处理的话,这种堵塞状态会让人生病,最终导致严重的心理健康问题,比如重度焦虑或抑郁症。除了记忆与心理健康问题之外,长期暴露在压力荷尔蒙之下,会让肝脏提升血糖值。人的身体无法长时间忍受这么高的血糖值,必定会出现不良反应,比如糖尿病。此外,长期的压力还会导致动脉血管变窄,胆固醇升高,增加心脏病、心力衰竭和中风的概率。它还会严重破坏生殖系统机能,削弱免疫系统的力量。毫不奇怪,表3-1中列出的这些常见问题,困扰着当今的职场人士,从企业高管到普通员工都不能躲过。

表3-1　压力的讯号与症状

认知症状	情绪症状
精力不集中	情绪变幻不定、焦躁不安
犹豫不决	激动、易怒
判断力低下	紧张、焦虑
态度消极	感到力不从心
失去客观性	强烈的孤独感
健忘	抑郁或悲哀
身体症状	行为症状
头痛或背痛	食量增大或降低
肌肉紧张僵硬	睡得更多或更少
腹泻或便秘	人际关系起冲突

续表

身体症状	行为症状
恶心、晕眩	酗酒、嗑药或大量抽烟
失眠	神经质的动作习惯,比如咬指甲、来回踱步
胸口疼、心跳加速	磨牙、牙关紧闭
增肥或减重	对意料之外的问题反应过激
皮肤出现问题,比如荨麻疹、湿疹	好斗
失去性欲	粗心大意、注意力分散
感冒	拖延、忽视责任
	过多进行某些活动,比如锻炼或购物

资料来源:部分改编自克利夫兰医疗中心的网页"认识压力的讯号和症状"。
http://my. clevelandclinic. org/healthy_living/stress_management/hic_recognizing_
signs_and_symptoms_of_stress. aspx.

◎ 重压之下的大脑 ◎

面对急性压力和慢性压力,你的身体基本上都会自动做出可以预测的反应。但大脑不行,我们的感知和信念会强烈地影响到哪些情境能把我们压垮、我们又该如何应对这些高压环境。自然灾害和战争多多少少会影响每一个人。在新闻报道中看到卡特里娜飓风肆虐后的新奥尔良,或者是遥远的索马里的民众正在受苦,绝大多数人都会感到一定程度的压力。但是,说到较弱的压力因素(或影响个人的重大因素),比如紧迫的时间期限、噪声污染、情感问题,每个人的信念和感知程度就不一样了。反应的跨度也极大,从做个鬼脸到全面崩溃都有可能。

如果你想更高效地管理自己那独特的压力反应,就必须从提高觉知能力入手。你可以改掉旧习惯,或是培养新习惯,但不拿出戒烟或减掉 20 磅的那股劲头是做不到的。如果领导者想要解决那些令自己夜不能寐的问题,最好先全面清点一下自己的"抗压个性"。这一切都始于你的感知。

◎ 自我感知 ◎

你在电子出版行业的一家新公司里担任营销副总裁。这是个快速增长的市场,但公司的首批产品存在缺陷,再加上激烈的竞争,拖慢了公司打进市场的脚步。来自商业媒体的报道说,公司的 CEO 莫琳很快就会裁员了。如果你保住了自己的饭碗,那你很可能要马上裁掉一些好朋友的职位。

面对这种情境,每个人的反应都不一样。人人都看得到失业的危险,但处理方法与个人的生活经历相关。对于莫琳来说,这只是寻常的工作。身为一名资历深厚的 CEO,她见过这样的风浪。而你是一个升迁速度很快的青年才俊,在你看来,这种事犹如五雷轰顶。

心理学家理查德·拉扎勒斯(Richard Lazarus)和苏珊·福尔克曼(Susan Folkman)提出了"压力互动模型"(Transactional Model of Stress)来解释这个现象。这个模型描述了三个要素之间的互动关系:压力因素、你对这个压力因素的看法、你对自己处理该压力的能力的感知。人面对压力的反应会受到诸多因素的印象,比如信念、悲观或乐观的倾向、对情境的掌控感、此人的坚强程度等。你可以学习应对这些变量的能力,提升自己对它们的掌控力,并渐渐地做出改变。开始之前,先问自己两个最基本的问题:

● 这件事对我的威胁程度有多高?

● 我打算如何应对这个威胁?

莫琳可能会在半夜里偶尔醒来,纠结着次日的裁员行动,但她会让自己

很快平静下来，因为她知道，等到明天下班时，自己的工作和这家公司都会安然无恙。她曾经承受过这样的压力，而且学会了如何应付。而你这个新人会彻夜难眠，辗转反侧，想到可能会失业这件事就吓得要死，同样糟糕的是，你可能要解雇一些已经亲如家人的同事。两个人，两种完全不同的感知。为什么？

◎ 核心信念 ◎

周一清晨，莫琳一言不发地经过你的办公室门口。她的背有点驼，脸上带着怒容，所以你知道她必定情绪不佳。你在想，她避开我，是因为不想分散注意力或不想发脾气吗？或者有更糟的原因？她不敢跟我打招呼，是因为今天她要炒了我？

你对这件事作何反应，这将取决于你的核心信念——所有深深根植于内心的正面或负面想法，它们会影响你对自身与外界的看法和感受。积极正面的信念会帮你控制住情绪，而负面的信念则会削弱你应对压力的能力。影响压力反应的常见核心信念请见表 3-2 所示。

表 3-2　常见的核心信念

破坏性的核心信念	建设性的核心信念
吃亏倒霉的总是我。	我知道人生中有失也有得。
我必须时时刻刻都保持完美。	我尽量做到最好。
我永远也改变不了。	我会不断地成长，越变越好。
我必须好好照顾自己，因为别人不会照顾我。	我关心自己，也关心他人。
我不是个善交际的人。	我喜欢他人，愿意跟他们待在一起。
别人从不听我说话，从来都不尊重我。	我感到受人尊重，被人欣赏。
我必须严格按计划行事。	我知道，即便是最棒的计划也需要调整。

负面的核心信念可能会让压力变得愈发沉重,当你念叨着"本该……原该……应该可以……"这种话时,就预示着你的负面信念要现身了。能反映出糟糕信念的词语就像个大家庭,"必须"和"应该"犹如一对堂兄弟,爷爷辈是"总是"、"永不"和"做不到"。为了好好地把握自己的核心信念,你需要细心地倾听头脑中那些积极或消极的自言自语。

不要因为这些负面词语而自责,它们并不意味着你是个笨蛋。刚好相反,你就像蹒跚学步的孩子,开始在摸索中渐渐找到正确的结论。你的DNA,再加上你与你的照料人、环境、社交圈之间的互动,塑造了你对以下问题的答案:

- 我是谁?
- 我能做到什么,不能做到什么?
- 我拥有什么?
- 我应当用什么样的方式来面对他人、体验和情境?
- 我期望自己做到什么? 期望他人做到什么?
- 在我看来,成功的定义是什么?

要是不加约束,这些答案只会让你抓狂。用积极乐观的感受来替换消极负面的感受,可没那么容易做到,因为一个人的自我感知是多年来逐渐建立并积累而成的。你需要一点点地改变,除非你发现并渐渐消解了核心信念,否则它会越来越牢固,而且拒绝改变。悲观主义者会主动寻找那些能够加强负面信念的证据,却对相反的证据视而不见。如果你认为绝大多数人都不喜欢你,那你就会把莫琳的表现当作证明。根据这种核心信念,如果她带着灿烂的微笑,冲你热情地打招呼,你就会认为她这是假装的。

你会很容易被水泥墙般牢固的旧信念困住。然而,尽管大多数核心信念就像花岗岩一样坚硬无比,你还是可以把它们渐渐软化,甚至把它们敲碎。

◎ 乐观与悲观 ◎

莫琳对自己的乐观心态很自豪，她认为墨菲定律(如果事情可能会变糟，那就肯定会变糟)根本站不住脚。但这并不等于说她是个盲目乐观的人，即便境遇悲惨也依然笑得出来。心态乐观，意味着她会不停地寻找那些能够改善形势的信息。而你则认为墨菲是个乐观主义者。

就心理感觉来看，比起老祖先们生活的那个世界，当今世界并没有变得更加安全。有时候，悲观是很有理由的。有时候，适度的悲观反映出健康的现实感。但是，如果悲观心态过分浓重，超出了实际该有的程度，使人陷入一种长期的消极状态，那它就会让人看不到缓解压力所必需的选择和可能性。如果看不到可行的选择，你很快就会失去自信，也失去信任他人的能力。如果你深信人们不喜欢你，当你看到人们情绪不好时，过于悲观的心态就会让你胡思乱想。渐渐地，悲观让这个"预言"成真，人们真的开始不喜欢你了。

乐观并不等于闭上双眼，拒绝看到现状。现实的乐观心态能让你最大限度地利用不够完美的境况。即便境遇恶劣，现实的乐观主义者也依然能做出筹划，让事情好转，因而心怀希望。积极心理学之父马丁·塞利格曼(Martin Seligman)发现，乐观的人拥有积极正向的核心信念和自我暗示。比起悲观的人，他们的身体与心理都更加健康，他们是能够掌控自己命运的强者。

◎ 掌控与坚强 ◎

二十世纪七十年代末,纽约城市大学(City University.)的临床心理医生苏珊·寇巴萨(Susan Kobasa)对一群贝尔电话公司的经理人做了研究。当时,为了打破垄断局面,政府下令该公司重组,把老贝尔拆成了数个小贝尔,这些经理人也因此背负了巨大的压力。她发现,有三项人格特质的确能够保护人免受长期压力对健康带来的负面影响。

● 使命感:坚信人生的意义,积极投入社会与社区的活动。积极正面的信念会让人在面对压力时做出正确的反应。

● 掌控感:感到自己能够掌控形势。人们可以选择面对压力因素的反应,并因此在一定程度上控制局面。

● 积极面对挑战:你可以把压力事件视作麻烦,也可以把它视作机会。那些能够成功应对压力的人既能看到黑暗,也能看到曙光。

寇巴萨发现,与更为悲观的人相比,具备强烈的使命感、相信自己能够控制局势、能在困境中发现机会的人,患上与压力相关的疾病的概率减低了一半。这三项人格特质令他们变得更加坚强,提升了适应压力的能力。他们也感觉到了压力的存在,但他们没有被压力拖垮,变得意志消沉。这种乐观心态是可以后天习得的,人人都能学会。

◎ 预期与忧虑 ◎

面对令人忧心忡忡的裁员,你和莫琳的感受可能大不相同。当她宣布

坏消息时,可能会很悲伤;而你彻夜难眠,担心她会炒掉你或是你的某个好友。也有可能情况相反。即将到来的棘手裁员令她担忧得要命,而你预料到了坏消息,已经开始着手找新工作了。

就像压力一样,对未来的预期和适当程度的忧虑能够帮我们生存下去。它们逼着我们做出准备,让我们存钱、买保险;当飓风在墨西哥湾咆哮时,它让我们买进大量的胶带、胶合板和瓶装水。但过度的忧虑会让人生病,它会增大压力,降低人的恢复能力。仅仅是在头脑中预想压力来临,或是设想一个充满压力的情境——无论这些事会不会真的发生,而且不过是想象而已,就能引发生理上的压力反应。在绝大多数人心目中,什么事比死亡更可怕? 答案是:在公开场合演讲,以及认为自己可能会在他人面前出丑。

预期性质的忧虑不但会引发或增强你的压力反应,还会耗尽你的认知能量,而你本该利用这种能量来解决困难。沙恩·贝洛克(Sian Beilock)和托马斯·卡尔(Thomas Carr)在 2005 年研究了这种忧虑。他们请九十三名在校生在限定时间内完成一个很难的数学考试,并且告知学生们说,他们的同事将会把考试现场录像。结果,在压力之下(有人录像,而且有考试时间限制),这些原本在无压力环境下(没有时间限定,也没有人录像)都展现出了极佳解题能力的学生,都表现得比原来差得多。忧虑不仅会让你生病,它还会让你最糟的担忧变成真的。

◎ 假设与期望 ◎

上午九点半,莫琳发给你一封紧急邮件,让你下午一点必须参加一个会议。接下来的几个小时里,你焦虑得像热锅上的蚂蚁。你认定她召集这个会议是为了要你的小命。一点快到了,你冲进莫琳的办公室,脸上急得发红,手心里汗津津地,身体也在发抖。出乎意料的是,你看到房间里还坐着另外三位副总裁。这不是处决,但你还是失态了。

老话说,"永远不要瞎做假设,因为这会让咱们变成蠢驴"①。这句话完美地适用于心理层面的压力反应。人类每时每刻都在做出假设和期望,有些合理,有些不合理。不合理的假设不但会扭曲现实,还会阻止我们搜集做出恰当反应所必需的信息,尤其是在充满压力的情境之下,比如那个一点钟的会议。

你有没有在电影院里看过《猛鬼街》(*A Nightmare on Elm Street*)这样的恐怖片? 你有没有跟其他观众们一起冲着屏幕狂喊,"别去地下室! 那坏蛋会逮住你!"好莱坞已经教会了我们做出特定的假设,并且针对某种情境产生特定的期望。在日常生活中我们也会这样做——在脑海中撰写剧本,想象在某种情境之下,我们会做什么,不会做什么。想到爱情,我们就会编写一段浪漫剧情。我们是基于自己的经历来编写这些东西的,但它也会受到我们看到的他人做法的影响。

在压力之下,我们的剧本里会包含自己以前的经历(上次公司裁员的时候我就被炒了,所以这次我也会被炒掉),以及他人的遭遇(丹尼斯在那儿工作了五年,结果还是被炒了;我已经在这里工作了六年,所以我也会被炒掉),或者是我们在书本、电影或电视剧里看到的东西(茱莉亚·罗伯茨在那部电影里就被炒掉了,所以我也会被炒掉)。我们不由自主地要从自己或他人的经历中得出结论,哪怕这一次坏蛋并没有藏在地下室,或是我们的名字并没有出现在裁员名单中。

无论你之前写出的应付压力的剧本是什么样子,你可能会遵照它行

---

① 原文为 Never assume because it makes an ASS out of U and ME. ——译注

事,也可能不会。超出预想的生理和心理因素往往会干扰剧本,即便是精心写成的剧本也不例外。尽管我们总是认为自己能够读懂他人的心思,并正确地推断出他们的行为,但实际上,我们的这种本事并不怎么样。对一件有他人参与的事情做出预测,往往会测试我们做出假设和期望的能力。然而,我们就像紧紧抓住能给人安全感的旧毯子一样,总爱抱着假设不放。但我们没有意识到,它会妨碍我们寻找应对危机所必需的重要信息。剧本的本质就是虚构,虚构从来也不会全面地反映现实世界。

◎ 会传染的压力 ◎

本杰明在一家声誉很好的教学医院当护士,他向我讲述了与护士长丹妮丝相处的经历。丹妮丝是一位经验极其丰富、专业过硬、备受信任的护士,依靠刻苦努力的工作赢得了目前的职位。然而,本杰明认为她缺乏恰当的领导能力。开会时她总是迟到,样子很邋遢,而且看上去压力极大。她总是用"狗吃掉了我的作业"这样的蹩脚理由当借口;她总是把迟到归咎于丈夫或孩子,要么就是堵车或天气不好。她这种抓狂的样子让每一个人都很紧张。

会议开始之后,她总是滔滔不绝地说话,还打断别人,或是接人家的话茬。大家开始避开她。这种情况很悲哀,因为教学项目中的学生本可以从她那儿学到很多护理知识。由于追求完美,她经常在中途接手,亲力亲为,但这样做的效果并不是每次都好。她这种倾向不但妨碍了学生们学习,还成了坏榜样。尽管她的专业能力顶尖,可她的行为常常给病人带来不好的影响;而工作中她焦虑的举止一点也没能帮助病人缓解压力。难怪每一个人——同事、学生、院方管理者和病人,都不惜一切地避开她。

　　纵然丹妮丝拥有资历、成就和才华，也没法遮掩她那糟糕的应对压力的能力。她身边的人从来不会关注她显而易见的专业能力，而是只看见了那些不堪重压的行为。人们更容易注意到不可预测或受到压力影响的行为，这是非常自然的。更有甚者，就算旁人见到的是一个极少见的失误，它也会给人留下难以磨灭的印象。发一次脾气，你就会"赢得"脾气暴躁的名声。要是你经常这样做的话，很快你就会发现，你被大家贴上了"那种人"的标签，更糟的是，你会被扫地出门。

　　人们感到，在那种无法从容应对压力的领导者手下工作是很难的。神经科学家们确证了这一点。工作环境中发生的每一件事都会影响到我们大脑的边缘系统(即大脑的情绪中心)。情绪会"传染"(这一点我们会在第七章中详细讨论)，快活的人能让别人感到快活，抓狂的人会让别人也感到抓狂。而领导者的行为会影响到周边的每一个人。那些能在危急时刻保持冷静的人能够设法走出自己的"小天地"，并且为应对压力设下正确的基调，做出正确的榜样。当老虎从森林里跳出来的时候，你越是镇定从容，就越能给旁人树立一个好榜样——诚实、信息透明、清晰地沟通、展现出同情心和同理心。你还能做出行为示范：如何正确地排出事情的优先等级，制定可行的计划，并达成目标。总结起来就是：有效的压力管理让你和你身边的每一个人都变得更加高效和高产。

　　这话听上去像是不证自明的大白话，但你很可能没有想到的是，它反着说也是对的。如果你任由自己心慌意乱、手足无措，你就树立了一个坏榜样：你的行为告诉身边的人，他们可以撒谎、掩盖或歪曲事实、把责任推给别人、为糟糕的行为辩解、降低做事标准、无视他人的感受。你的名声也会变坏，别人会把你视作一个无法正确制定优先顺序、无法执行正确计划的人。

　　在这个压力日益繁重且长期持续的世界里，想要成为一个牢靠的好榜样——要是你像丹尼斯那样，已经把自己和别人都拖进了一个深深的领导

力黑洞,那你就更需要这样做——你需要掌握从容应对压力的能力,成为一个"有弹性"的领导者。

◎ 弹　性 ◎

电视节目《荒野求生》(*Man vs. Wild*)的主持人贝尔·格里尔斯(Bear Grylls)曾在英军服役。虽然在当兵时的一场跳伞事故弄伤了他的背脊,他还是继续打破了许多项身体承受力的记录。他成为英国最年轻的、成功登顶珠峰的登山家。他驾着水上摩托,环游了整个英国海岸线。在他的电视节目中,这位当代的冒险家为观众们呈现出各种最糟的、足以令我们绝大多数人崩溃的恶劣情境。他向我们这些比较胆小的人展现出,如何在各种各样的灾难环境中生存——无论这些灾难是天灾还是人祸。就像许多需要在第一时间做出响应的人一样,比如急救室的医护人员、警察和消防队员,还有高效能的领导者,贝尔也拥有一种不可思议的、从容应对压力的能力,这就叫做弹性。有弹性的人拥有以下这些共同点:

- 深信自己可以影响到人生中的种种事件(内控感)。

- 愿意为自己所处的形势负责。

- 有办法在跌宕起伏的人生中找到目标和意义(乐观)。

- 有智慧,能忍耐,懂得从顺境和逆境中吸取经验。

- 有灵活和适应的天分。

- 自信,自重(积极正面的核心信念)。

- 信任他人的支持,相信人脉的力量。

- 有获取解决问题所需的信息和经历的习惯。

有弹性的人往往想法乐观,对自己的能力抱有坚定的信念。面对压力时,他们会依靠自己的经验、智慧和人脉力量。他们会避开(最起码也是发现并作出调整)错误的假设和消极的预期——这正是二十世纪六十年代心理学家阿伦·贝克(Aaron Beck)所说的"思维偏差"。但上述这一切并不意味着有弹性的人不会感觉到压力,这意味着他们能像贝尔一样,娴熟地应对压力。请记住,面对压力的反应是可以选择的。如果你想选择一种更好的应对方式,就像贝尔常做的那样,你首先应该把你对待压力的态度来一个一百八十度的大转变。

◎ 一百八十度的大转变 ◎

杰奎琳在一家为医院提供金融和会计服务的公司里担任副总裁,这家公司十分成功,成长得也很快。她管理着一个很大的部门,员工有近三百人,还有四名总监直接向她汇报工作。在杰奎琳看来,这四人的领导力各有所长,但也有需要提高的地方。同事们对杰奎琳的评价很高,认为她解决问题的能力很出色,而她也很喜欢这样的声名。她的老板甚至请她向其他几位副总裁传授解决问题的技巧。因此,杰奎琳把越来越多的工作时间用在帮别人解决问题上,而留给自己做事的时间寥寥无几。

过去的两个月,她每天早晨六点开始工作,比其他同事要早三个小时,而晚上八九点钟她才能下班,此时大家都早已回家了。即便如此,她还是得把工作带回家,利用周末赶上进度。她彻底没有了私生活。她与长期交往的男友分手了。开会的时候,她脾气很坏。她埋怨同事们缺乏积极性,经常看不起他们,还无遮无拦地发火。她停止了去健身房锻炼,体重开始增加。每天晚上她都靠快餐果腹,渐渐地,她已经不愿意面对镜中的自己。

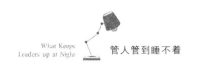

　　杰奎琳的故事听起来耳熟吗？如果耳熟，请你把这条格言贴在桌子上：我无法阻止压力。追求成功，在工作与私生活之间求得平衡，应对绝大多数工作环境里都会有的繁重压力，这些都会带来紧张和焦虑。而且当今世界的节奏这么快，有那么多人和设备都在争抢我们的注意力，单是生活在这样的世界，压力就够大的了。你要接受这个现实。可是，请你把这一条格言贴在刚才那条旁边：我可以控制自己对压力的反应。你可以把压力的负面作用减至最小，改变为压力环境赋予的意义，调整自己在面对无可避免的压力因素时做出的糟糕反应。换句话说，面对压力的反应是可以选择的。但是，别等到压力逼得你没办法时才做出改变。现在就开始，在暴风雨来临之前的宁静里，趁你还没感觉到压力引发的焦虑、可以把全副精力用在当前任务的时候，就开始改变吧。

◎　自言自语　◎

　　如果你看到一位衣帽整齐的高级经理人正沿着第五大道走来，一边摆手，一边念念有词，那他多半是在用蓝牙耳机打电话，刚刚敲定一大单地产生意，不过他也有可能是在练习应对压力的本领。我们的大脑每天平均要产生五万到六万个念头，人人会时不时地自言自语，但极少有人有策略地这样做。自言自语可不等于发疯。这是非常自然的事，咱们的史前老祖先很可能一天到晚都在自言自语。然而，我们的绝大多数想法只不过是在没完没了地重复。这就解释了为什么我们会觉得自言自语是如此自在，以至于都不会停下来想一想自己究竟在说些什么。如果真的停下来想一想，我们就会发现，这种喃喃自语的范围相当大，从颇为积极到非常消极都有。不出所料的是，消极的自言自语会激起压力反应，因为负面想法往往会扭曲现实。

心理学家们把最为常见的认知扭曲分为以下这些类别(见表 3-3):

表 **3-3** 认知扭曲

认知扭曲	详 解	例 子
非黑即白 (二分法)	在你看来,他人、你自己和世界上的事物要么是完全好,要么是完全坏,不存在中间状态。	我是个百分百的成功人士,或者我是个彻头彻尾的失败者。
过于笼统地概括	根据单一的、负面的事件,得出非常宽泛的结论。	这次我没能升职,所以我在这家公司或这个行业永无出头之日了。
认为最糟的情况会发生(小题大做)	你会不自觉地认为最糟的事将会发生。	他没打电话来报到,所以他肯定是死了。
过滤	你会把某种情境里的负面因素放大,却忽视所有的正面因素。	你的绩效评估里充满了褒奖,但里面有一条建设性的批评,你没完没了地去想这条批评,却看不见那些赞扬。
个人化	你以为别人做的每一件事或说的每一句话都是因你而起的,这让你认为,是你导致了事件的发生,但实际上你在其中的作用并不大。	要是我戴上那顶红色的棒球帽,我们队就会赢了。
外推	你把一两项特质外推成为负面的普适判断。	既然她讨厌我,那人人都讨厌我。
主观臆断 (猜测别人的心思)	在缺少足够信息的情况下,你认为自己了解别人的感受,知道他们为什么那样做(尤其是针对你的行为)。	我说话的时候他打哈欠,所以他肯定以为我这人很无趣。
让情绪战胜了思考(感情用事)	你深信你的感觉一定是真实的。	我感到自己很蠢、很无趣,因此,我必定是个又蠢又无趣的人。
期待别人先改变	你认为别人应当做出改变,来适应你的需求。你的常用手法是责备、提出苛刻要求、隐瞒、做交易。	别要求我提高管理能力,先把你自己的事情做好了再说。

续表

认知扭曲	详　解	例　子
控制谬误	在外部,你认为自己的幸福取决于外力(外部控制);在内部,你感到自己要为他人的幸福负全责(内部控制)。	除非我升职,否则一切都不会好转;吉尔没做好,这全都怪我,因为我给她的支持不够多。
拿公平作借口(公平谬误)	你用你个人的公平观来评判他人的行为,别人不遵照你这套准则的时候,你就会生气。	如果我的团队成员真心希望我成功,那他们应该做得更好一些。
要是……该怎么办?	你担忧各种各样很可能根本不会发生的事情。	要是市场预算在第二季度少,咱们肯定要卷铺盖走人了。
认定自己永远是对的	你要求人们永远也不要质疑你的判断,而且你自己也不会质疑它。	别跟我唱反调,因为在这个问题上我从来没出过错。
以自我为中心的思维方式	你极少站在别人的立场上去思考,却希望人家站在你的立场上想问题。	人人想的都跟我一样。
梦想未来的奖赏(天堂奖赏谬误)	你期盼自己的牺牲与克己有朝一日能得到报偿;如果没有得到奖励,你就会觉得酸酸的。	我的老板真是个混球,我暂且忍她一忍,因为我确信十到十五年后,我就会坐上她的位置。
不公平的比较	当你把自己与他人相比时,总觉得自己差了一截。	她比我聪明多了,我永远也不可能像她那么成功。

　　我们所有人都会时不时地陷入“扭曲事实”的泥沼。能够较好地应付压力的人,内心的声音就如同一位友善的教官,鼓励我们再忍忍,加把油,别再抱怨。这是好事。但是,听命于一个恶狠狠的教官就没有任何帮助了——这种声音向我们吼叫着,命我们爬上床去,用枕头蒙住脸,哭到眼肿。

　　一般来说,杰奎琳是个从容自信的人。但有时她忍不住要责怪自己,比如接受了一项她明知会超出自己能力范围的工作的时候,或是没有什么明显的理由却冲同事发火的时候,或是没能在周日晚上之前完成一份报告的时候。密切地观察了自己的心理状态之后,她意识到,这样严厉地批评自己其实一点好处都没有，而且它已经变成了一个坏习惯。为了不让这个坏习惯给生活增添更多压力，她必须打破它。她不想变成自己内心描述的那种失败者，她不是失败者，她是一个有才华的专业人士，只不过她跌入了自我怀疑的陷阱。

消极的自言自语或认知扭曲是相当顽固的，即便我们付出最大的努力去改变，它们也会抵抗。它们可能已经深深地根植在我们内心，成为经年的习惯，想要打破它们对头脑的掌控，我们要用上近乎超人般的力量。幸运的是，我们可以像第五街上的那位经理人那样做。你可以采取以下步骤，把你头脑中那个不友善的教官给轰出去：

第一步：自我觉察。倾听那个内在的声音，听听它的说话方式。如果某个朋友这样对你说话，你能容忍吗？如果你对朋友吼出这样的话，会不会伤害到她？密切观察你使用的每一个词，把它们写下来。有三个问题能帮助你识别出这些词语。看看杰奎琳是如何回答这些问题的：

（1）是什么引发了这件事？——我没有按时完成工作。

（2）有哪些负面的想法蹦了出来？——我是个彻头彻尾的失败者。

（3）我体会到了哪些情绪？——压力、无助、愤怒、悲哀。

当你开始分析内心里的消极声音时，你就会渐渐看到，它们所传达的这些感知是如何煽动或加剧你的压力反应的。杰奎琳没有觉察到的这些负面想法给她带来了沉重的压力，它们实际上已经妨害了她的办事能力，让她辜负了"问题解决能手"的声名。

第二步：彻底打消负面想法。一旦察觉到了心中的负面想法，你就可以使用另一组问题来纠正它们。看看杰奎琳是怎么做的（请见表 3-4）：

表 3-4   挑战负面想法

自 问	自 答
我的负面想法是什么？	我是个彻头彻尾的失败者，我要把工作搞丢了。
有哪些证据证明这个想法是对的？	有好几份报告我都没有按时完成，这可不行。
有哪些证据证明这个想法是错的？	CEO 表扬了我，说我是公司里的问题解决能手，他还说我是他的得力助手。
这个想法引发了哪些不健康的感受和行为？	我感到自己完全被压力打垮了，我总是处于崩溃边缘，没法集中精力做事，我还冲着别人发火。
如果我继续这样想，最终会发生什么事？	这会破坏我的专业声誉，并且导致长期的、与压力有关的生理与心理健康问题。
如果是某个朋友有这种想法，我会建议他怎么做？	我会告诉他，要重新振作起来，这些念头是在小题大做，应当把工作多多授权出去。
眼下我需要接受哪些现实？哪些事情不会改变？	我得接受目前的工作量，直到我找到管理它的办法为止。
我能做些什么，让自己的想法变得积极起来？	我得放自己一马，更好地安排时间，把精力放在自己的核心工作上。
我的健康的新想法是什么？	我拥有成功的职业生涯，我的同事和老板都尊重我，他们是我的朋友，我喜欢这一切。

如果你感到很难客观地做到这些，就找一个值得信任的同事或顾问来协助你。我们对自己的看法极少与他人一样，而客观性非常重要，所以，请一些信任的人来帮助我们客观地看待问题是很有好处的。

如果你的负面想法中包含了某个深深根植于心中的核心信念，那么你会发现，改变起来格外困难。对付这些顽固的、不肯改变的赖皮鬼需要我们付出更多的时间和努力。如果那些念头很难撼动，试试下面这个 ABC 心法。

◎ ABC 心法 ◎

在芝加哥开了一个星期会之后，金融行业的两位资深经理人约翰和彼得在奥海尔机场(O'Hare Airport)美国航空公司的登机大厅碰面了。正准备登机时，广播里传来通知，他们乘坐的飞往洛杉矶的航班在两小时内都不会起飞。约翰把公文包扔到地上，冲着随身行李踢了一脚，高声咒骂了一句，惹得人人都回头看他。彼得长叹一声，拨通了妻子的电话，解释了飞机晚点的事情，然后收拾好公文包和行李，走到机场的餐厅去，悠闲地吃点东西，同时把会议上的笔记仔细看了一遍。

为什么约翰失去了冷静，而彼得却能够保持镇定从容？两人面对的是相同的烦心事。当然，答案就在他们的头脑中。咱们来看看这两人是如何运用他们的抗压 ABC(stress ABC)的。

A＝看清诱发事件(activating event)。约翰和彼得的飞机延误了。

B＝看到自己的核心信念(core belief)或根深蒂固的想法。约翰认为这种麻烦事总是发生在自己身上，这是一种严重的人身侮辱。彼得认为，在工作中这种不便在所难免，并把它视作一个机会，可以利用它做点有意义的事儿。

C＝列出该行为的后果(consequence)。约翰感受到很大压力，把怒火通过行为和语言发泄出来。结果是，在这两小时的误点中，他一点儿有意义的事儿也没做，相反，他一直感到焦躁。遇到有压力的情形时，如果你的反应跟约翰一样，那就请你往下进入到 D 阶段。

D＝反驳(dispute)那个负面的信念。如果某一个信念给你带来许多烦恼，那你应该像约翰一样，努力把它驳倒(表 3-5)：

表 3-5　反驳错误信念

自 问	约翰的回答
我的有问题的信念是什么？	坏事和麻烦总是找上我。
哪些证据支持这个信念？	证据就是飞机晚点了，给我带来了不便。
关于此事，更好的解释是什么？	这种不便不只影响到我一个人，它影响了搭乘这个航班的每个乘客。

续表

自　问	约翰的回答
这个信念的后果是什么？	愤怒和压力令我感到焦躁和烦恼。
如果我现在就改变这条信念，会发生什么？如果把它永远改掉呢？	我可以享受一顿美餐，然后在机场处理几件工作，打几个电话。
我的崭新的核心信念是什么？	糟心事难免会发生！我能更妥善地处理这些不便。

如果你得出结论，若是改变信念的话，就会得到一些实实在在的益处，那么你可以进入 E 阶段，来完成整个练习。

E＝寻找更多的、有效(effective)地应对压力因素的方法。

● 控制你能控制的部分。在压力环境中，许多因素是你没法改变的，既然如此，不如把重点放在你能改变的部分。例如，约翰可以开动脑筋，多想几个解决办法，好好利用这两个小时的延误时间。

● 离开。离开让你感到压力的环境，比如出去走走，离开房间，或是做点别的。短暂的休息能让你重整思路，换上更为积极正面的想法。

● 呼吸。运用腹式呼吸，深深地吸气，保持十秒钟，然后缓缓地吐气。至少重复五次。几次深呼吸并不能赶走压力，但它能缓解一些因压力引起的、不好的身体反应，并为你赢得一点时间，让你重整想法。

● 喝水。喝大量的水。绝大多数人时常处于轻微的脱水状态，压力会加剧脱水状况，而脱水会让你的情绪变糟。停一停，去喝点水，这不但能马上缓和你的情绪，还能让你不去想那些压力因素（虽然是暂时的）。这个短短的暂停或许已经足够让你看清眼前的形势了。

一旦调整到可以不让情绪完全统治你的状态，思路清晰一点了，你就把那条负面的核心信念修改得积极一点，免得日后再被它干扰得乱了方寸。

如果你驳倒了那条负面的核心信念，并且接受了"它给我带来麻烦"的事实，你就会自动地用更加高效的方式来应对压力了。在约翰的例子中，他认识到，自己的负面核心信念"坏事和麻烦总是找上我"已经给他招来了一大堆身心健康和声誉的问题。因此，他修改了自己的核心信念。不仅如此，约翰还可以运用这次的情绪崩溃事件来提醒自己：以后再遇到这种有压力的麻烦事时，这种反应是没有用的。

◎ 马拉松 ◎

希拉里在一家大型连锁商场里担任区域总监，这家公司在中西部拥有十五家门店。过去的两个月里，她遇到了一连串棘手的难题。一群十几岁的问题少年抢了两家店，当怀孕的店面经理去阻止其中一人偷窃商品时，这个任性的少年打了她的肚子；公司的总部刚刚解雇了希拉里衷心敬爱的上司；她的三名直接下属开始玩忽职守；她最靠得住的助理突然离开公司，投入了竞争对手的怀抱。与此同时，她还得监督一家新店的建设和招聘，关闭一家业绩不佳的门店。真是乱呐，意志薄弱一点的人早就被压垮了。

虽然希拉里从没在压力面前退缩过，可她也从来没有遇见过这么一连串的麻烦事，简直像一场马拉松。如果你参加过那种考验耐力的运动，你就会明白在竞赛中到达瓶颈点的滋味：你感到自己再也无法多跑一步、多游一秒、多跳一下或是多蹬一圈了。如果你曾经试过创业，或是在企业里做过经理，你就肯定有过类似的体会，比如公司遭遇了现金流问题、一个重要的客户流失了、员工起来造反或是某个庞大的项目超出了掌控，疯狂开始蔓延起来。

马拉松选手是如何突破瓶颈点的呢？她给自己订下小小的、渐进的、

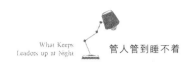

可以达到的目标:迈左脚、迈右脚。再跑十步。只需坚持到下一个停止标志。好,现在跑到那个转弯。这方法能帮助她坚持跑完最后一英里,冲过终点线。领导者可以从中借鉴到许多应对身体压力的办法:把工作中渐渐积累起来的压力因素拆解成一个个可以处理的小碎片。

在希拉里的例子中,这位备受压力的经理人可不能让这一连串风暴把她压垮。她没有把这些事看作世界末日,而是把它们当成动力,并且开始制订微小的、可以完成的目标。每天结束之前,她会给自己和教练发送一张"待办事项清单",上面写着她希望在次日完成的小目标。这个方法意味着,希拉里必须把平日里习惯的完美主义先搁到一边,成功地往前迈步。左脚,右脚,一步,两步,十步。长话短说,她顺利地渡过了那场风暴,而更重要的是,她学会了许多应对工作和生活压力的新技能。

◎ 看清真相 ◎

朗尼在亚特兰大的一家中型平面设计公司当 CEO。他认为自己是个称职的好老板,但凡下属遇到问题,都能来找他。他相信公司上下的每个人都尊敬他,他经常拿出时间来倾听下属们的问题,即便是最细小的也不例外。所以,你可以想象到他的震惊程度——公司的董事会请了一位顾问来观察朗尼的领导能力,结果这位顾问直率地告诉他,几乎他的每一位下属都在他背后笑话过他,说他虽然是个好人,但一点领导能力都没有。尽管他的确抽出了许多时间来倾听人们的问题,可他从来没有提供解决问题所必需的资源,也不曾告诉对方如何在时间期限或在预算之内完成工作。正是因为这个缺点,董事会才从外部聘请了一个教练来帮助他。

显然,朗尼需要看清事实真相。绝大多数领导者时不时地都会陷入自我感觉良好的幻觉,以为自己既然坐上了公司的第一把交椅,就肯定不会犯错。更糟的是,他们可能会像那位穿新衣的国王一样,以为大家的恭维全是真的,但人们只是不愿说出真相而已。

你或许认为自己能够娴熟地应对压力,简直像个身经百场演唱会的摇滚明星,可实际上,你更像是个只有一人的光杆乐队,手边只有一架小破鼓和一支跑调的笛子。你也可能认为自己永远也不可能干练地面对压力,但在别人看来,在重压面前你竟然能如此冷静。身为领导者,别人对你的看法远比你对自己的看法更重要,在高压环境下更是如此。在教练的帮助下,朗尼终于认识到了这一点。老话说得好,"我们看到的自己,是想法、恐惧和意图的总和,而他人看到的,只是我们的行为"。

一旦你接受了领导者的职位,就应当持续不断地进行现实核查,以便看清事实真相。否则你很快就会被幻觉蒙蔽,最终它会令你尴尬不已,甚至赔上工作。每一个项目,每一次销售,每一场演示、绩效评估、艰难的谈话,或任何可能会引起压力的事件结束后,你都应该向自己提出以下问题(有时也可以问问共同参与的其他人):

- 哪些因素起作用了?
- 哪些因素没有起作用?
- 哪些因素阻碍你取得想要的结果?
- 哪些因素帮助我/我们取得了想要的结果?
- 我/我们本可以使用哪些更好的方法?
- 我/我们从这件事中学到了什么?

虽然这可能是个挺耗时的任务,但定期这样做会帮助你分辨出你的领导风格中的特定模式,看清你应对压力情境的能力。此外,它还会帮你把错误的假设和信念与他人对你的看法和反应区分开。这正是朗尼的教练

建议他做的。尽管人人都能自己做这个练习,但请一位专业教练(甚至一位关心你的同事都行)往往会很有帮助。

◎ 本章小结 ◎

在压力情境中,长期受到压力困扰的领导者是无法如愿地发挥能力并高效地管理他人的。领导者或许能取得一些初步进展,但最终肯定毫无希望。

管理压力不等于抹掉压力。实际上,由于你是个领导者,所以你每天都会面对压力,这是无可避免的。你需要学习的是调整自己面对压力的反应。觉察自己脑海中的念头,观察你的身体反应,看清楚他人是如何看待你的,这些行动能帮你踏踏实实地迈出高效应对压力的第一步。

What Keeps
Leaders up at Night

第四章

为何良性竞争会变味？

自从在布兰迪斯大学念书的时候起，珍妮特和布拉德就认识了，随后他俩又一起进入了哈佛法学院。两人的关系犹如兄妹，就像绝大多数手足一样，他们之间经常有良性的竞争。先是在教室里，然后是五千米长跑的赛场上，如今两人又在同一家一流的律师事务所共事。二人全都才华出众，都是团队领导。虽然一直有竞争，但由于相互之间的尊重，两人一直维持着牢固的友谊。这种相互尊重的竞争关系让二人工作得更为出色，也激励着他们的团队更上一层楼。

布拉德和珍妮特的业绩傲视同侪。他们不断地打赢官司，团队的表现也很棒，律师事务所的合伙人给予两人慷慨的奖励。资深合伙人韦恩把这两位爱将称为"摇滚明星"。

韦恩告诉他俩说，事务所想提拔一个人成为合伙人。但他没说的是，几位合伙人知道他们之间的竞争关系，因此希望他们工作得更加卖力，来争取这次升职。几天、几周、几个月过去了，两个人之间的紧张感渐渐升级。当布拉德赢得胜利时，他有点沾沾自喜；当他遇到挫折时，珍妮特暗自幸灾乐祸。

而珍妮特胜利时,也会得意洋洋;看到布拉德暗笑她的失败时,她的面色就变得很难看。没过多久,一度友善的竞争就沦落为剑拔弩张的对抗。布拉德难以成眠,他的脾气变得越来越暴躁,容易犯错,还逼着团队成员毫无道理地加班工作。很快,他心里有了深深的积怨,还花费大量的时间去想办法阻挠曾经的好朋友获得优势。他的不快日益加重,团队的业绩却越来越差。

珍妮特尽力控制住了自己,没有让自己对布拉德的想法变成"毒药"。她拿下了一场大官司,为公司挣回了几百万美元。事务所兑现了承诺,把她提拔成了合伙人。羡妒之情完全占据了布拉德的心,他的行为越来越离谱了。他的失眠问题变得更加严重,因为芝麻大点的小错就对下属发脾气,他把珍妮特当成敌人般对待,开始用微妙或不那么微妙的方法来破坏她的声誉。他在背后把她称作"冷血鲨鱼",还故意把她一场重要官司的文档弄丢。他甚至向客户们暗示说,她之所以能升职,是因为跟老板上床。可是,这些行为没有一条对他和他的声誉有好处。他对自己的专业能力失去了自信,开始郑重地考虑离开这家事务所,甚至干脆离开法律界。布拉德的医生很担心他的体重增长和高血压。

几乎每一个人都在某些时候羡慕或妒忌过同事的成功,或是因为他们的失败而幸灾乐祸。这只是人性使然。有趣的是,这种感受实际上能够提高生产力。良性的竞争能够提高效率,促进创新。然而,当良性竞争变了味道,情绪开始失控,它就会破坏人际关系,降低生产力。

◎ 该隐与亚伯效应 ◎

或许,关于良性竞争变坏的最具讽刺意义的故事来自《圣经》。上帝把亚当和夏娃逐出伊甸园之后,二人有了两个儿子:该隐成了农夫,亚伯成了牧羊人。就像许多手足一样，兄弟俩的关系很亲密，但也不乏争吵。

生活是美好的。为了向上帝表达敬意，亚伯挑选了最好的头生羊羔来献祭。该隐选的是稻草，是他辛苦得来的农产。两人都希望上帝喜欢自己的祭品。

献祭的那一天，该隐望着亚伯燃烧的羊羔，香气飘散在空中，而他的稻草只有一股闷烧的草味儿。上帝看中了亚伯的祭品，没有看中该隐的。该隐心想，为什么上帝偏爱他的兄弟？他也尽了最大的努力来取悦上帝啊。这肯定是亚伯的错。羡妒吞噬了该隐的心。他请亚伯陪他散散步，结果他发起火来，杀害了自己的兄弟。

当该隐意识到自己做了什么之后，他先是感到一阵解脱，因为没人看见他谋杀亚伯。随后上帝说话了，"该隐，你的兄弟呢？"

该隐耸耸肩，"难道我是他的看守么？"

上帝诅咒了该隐，"从今以后，你兄弟的血将令你的土地贫瘠，你必将流离飘荡在地上。"

听到这些话，该隐伏在地上抽泣。他终于体会到了自己所作所为的恐怖。

是什么导致了"该隐和亚伯效应"？是什么让一段健康、高产的竞争关系沦落成腐蚀的恶战？当某人缺乏对情绪的觉察，也没能力处理情绪和行为方面的压力时，这种情况往往就会出现。布拉德眼中的自己与他人眼中的不一样，而且他没法控制住在背后说竞争对手坏话和暗地里使坏的诱惑。珍妮特的升职是他的引爆点，让他怒火中烧，禁不住毁掉了自己的职业生涯和声誉。管理情绪似乎超出了他的控制范围，他的行为也让上司十分困惑，他的上司不知道该如何处理他那喜怒无常的坏脾气。遇到"该隐和亚伯效应"的领导者，无论主角是他们自己，还是团队成员，经常发现他们很难管住嫉妒、妒忌和愤怒这样的原始情绪（以及伴随这些情绪而来的

蓄意破坏和背后中伤等行为)。而挖掘根本原因甚至更难。就像我们在本书中探讨的所有被心理学驱动的领导力困境一样,第一步就是要弄清楚遭受"该隐和亚伯效应"困扰的人的头脑里在想什么。一切都始于深埋在人类心中的竞争之根。

◎ 竞争天性 ◎

1954 年,因认知失调研究而著名的社会心理学家利昂·费斯廷格(Leon Festinger)提出了"社会比较理论"(Theory of Social Comparison)。这个理论认为,身为天生的社会动物,我们从与他人的互动中学习并成长,这让我们日渐强大。从摇篮时期起,我们就从父母、老师和朋友处学习各种行为准则。这些准则掌管着我们在社会中的行为,告诉我们错与对的区别,以及社会期望我们遵从的社会法则。社交学习的这种自然形式就包括"社会比较",也就是通过观察他人的意见和能力,对自己的意见和能力做出评估的行为。这种比较行为让我们知道自己的长处和短处。

1977 年,社会科学家 D. R. 梅特(D. R. Mette)和 G. 史密斯(G. Smith)对这个概念做出了简明扼要的总结。社会比较"是一个了解自身的探索过程,通过比较,我们寻找与自身相关的信息,看清与自己有关的真相"。这些年来,关于社会比较论的研究不断涌现,让我们清楚地看到它对生活的各种影响。有时,我们跟看上去比我们强的人比较(向上对比)。有时,我们跟看上去不如我们的人比较(向下对比)。还有些时候,我们把自己跟我们认为在某方面和我们差不多的人比较。

我们拿自己跟他人作比的原因有许多。社会比较可以帮助我们评估自己在某个特定区域里的位置(自我评估),或者是为我们提供关于如何改进的信息(自我提升)。

我们再回头看看珍妮特和布拉德的故事。在友好竞争的早期,两人认为自己与对方差不多,并运用比较的结果来加强自我觉知,提升绩效。但从某一点开始,布拉德感到自己不如珍妮特了。这种印象让他又羡又妒,令他把关注的重点从提升自我表现上移开。尽管跟别人相比是人的天性,但绝大多数人都不愿承认自己这么做了。在 1985 年的那项经典研究中,乔安妮·伍德(Joanne Wood)、谢利·泰勒(Shelley Taylor)和罗斯玛丽·利希特曼(Rosemary Lichtman)发现,癌症病人最初都否认自己会与其他癌症患者做社会比较。但是在后来的访谈中,这些人承认,他们其实会把自己应对疾病的办法或能力与他人相比。

这并不奇怪。承认自己会跟别人比来比去,这看上去有点自私或不大得体。另一方面,我们却会心安理得地谈论攀比现象。前者与人际关系更为直接相关,而后者关系到的则是无生命的物件,比如别人拥有的物品,他们的汽车、衣服和房子。癌症患者不大愿意承认那些私人化的事情。想想你最近做过的社会比较。你有没有艳羡过路人手中那个崭新又时髦的iPhone5?看到一位同事失业了,你心里有没有想过"哟,幸亏不是我"?单是回想一下自己每天做出的诸多社会比较,就能够提高你的自我觉知,意识到它们在你的生活和工作中扮演的角色。

你会逐渐意识到,工作中的相互比较的确会激发出强烈的情绪,就像布拉德感觉到的那样。无论你是刚刚开始一份新工作,还是已经身为领导者多年,率领着十几个下属,你都会有这样的体会。这种情绪之所以会涌现出来,是因为社会比较孕育出竞争,而竞争能把我们内心最好和最坏的一面都带出来。

◎ 良性竞争与恶性竞争 ◎

自从人类出现那天起,生存就要靠竞争。无论是搜集维持生存的物资,还是获得异性的青睐,我们一直禁不住要追求更快、更壮、更聪明、更漂亮。我们想要赢得最高的荣誉,第一个冲过终点线,把另一个家伙从宝座上挤掉,在一场关键的考试中拔得头筹。有些时候,这种情感推动我们力争上游,有些时候它只是让我们尽力留在赛场。我们天生就会关注身边的人和事,竞争就源自这种天性。斯蒂芬·加西亚(Stephen Garcia)和艾维沙洛姆·托尔(Avishalom Tor)认为,消极和积极的比较都蕴含着丰富的含义。想要拉大或缩小我们与他人之间的差距的渴望,往往会引发竞争行为,来保护我们想要高人一等或不要矮人一头的感受。

就像绝大多数根深蒂固的人类行为一样,竞争也是极为正常和健康的。在人类的进化中,它也是不可缺少的,因为它促进了自然选择和适者生存。竞争可以把办公室变成一个激动人心和回报甚丰的工作场所,就像珍妮特和布拉德在竞争早期时那样。传统智慧认定,协作比竞争更好,但不可避免的社会比较却说明,事实正好相反。比较是竞争之母,而竞争是职场的常态。要么驾驭住它,运用良性竞争的力量;要么就冒险放任它,堕落成恶性竞争。良性竞争的好处包括:

- 激发创新。
- 让人干劲更足。
- 提高生产力。
- 激励人们自我提升。
- 让团队合作更加紧密顺畅。
- 让人们工作得更加投入。

● 获得更多乐趣!

这就是良性竞争的力量。不幸的是,一开始十分健康的竞争很快就会变质,成为阴暗丑陋的恶性竞争,就像布拉德和珍妮特那样。恶性竞争会摧毁所有的人,因为它会:

- 扼杀干劲。
- 破坏协作。
- 降低绩效和生产力。
- 毒害团队合作与组织文化。
- 影响人们的投入程度和承诺。
- 增强压力和不安全感。
- 毁掉声誉。
- 夺走工作的乐趣。

以下这些征兆会警示你,要当心,良性竞争已经开始越界,"该隐和亚伯效应"可能很快就要影响你的工作场所了:

- 你嫉恨他人的成功,而不是用它来鼓励自己做得更好。
- 你更重视竞争对手的弱点和局限,而不是研究他们的长处。
- 你为自己的局限和挫败找借口,而不是充分发挥自己的优点。
- 当你失败的时候,你感到丢人和羞耻,而不是用它来激励自己下次加油。

看到他人成功或失败时,我们往往会把自己跟他们相比,观察所得会激发出强烈的情绪和行为反应。影响情绪和反应的因素有很多,包括从前在相似情形下的经历、自尊程度,以及我们对某人是否应当成功或失败的判断。布拉德少年得志,但自从小时候起,他就暗自怀疑自己的能力。早年的成功也意味着,哪怕是一个小小的失败都会打击到他,他从没想到珍

妮特会在升职的道路上赶在他前面。

令事情变得更为复杂的是,当前的社会习俗认为,当某人失败的时候,我们应当同情甚至应该以同理心来体察他的困境;而当某人成功的时候,我们应当欢呼,送上诚挚的祝福。可是,当我们的反应与这些习俗相悖的时候,会发生什么?要是我们很希望看到某人失败,或是鄙视他的成就,结果会怎样?结果我们就会很容易妒忌、嫉妒,甚至怒火中烧。到最后,我们讨厌自己的程度甚至超过了对对方的厌恶。这里就存在一个心理学的困境:当社会习俗与自我期望之间发生碰撞时,这种情况会把良性竞争变成恶性竞争。

对情绪的觉知和有效的自我管理始于对某些情绪的透彻了解——这些情绪隐藏在职场中一些很坏的行为背后,往往会被人误解。妒忌、挫折感和愤怒这样的负面情绪能够引发出故意破坏、无礼和欺压他人的糟糕行为,而这些行为最终会让我们感到内疚和羞耻。

可是,你需要记住的是,这些负面情绪是人性的一部分,你没法避开它们。但是,未经觉察的话,它们不但会闹出乱子,还会把情绪的对象与体会情绪的人双双摧毁。它们并不会引起严重的问题,或威胁到双方的人际关系,除非你忽视它们,任由它们腐变成一道深深的心理伤口。如果你察觉到了妒忌、嫉妒、挫折感和愤怒的苗头,它们是在提醒你,该把心里的刺儿拔出来,涂点抗菌药了。这对所有未经觉察、被我们羞于承认的情绪都有用,特别是这三种:幸灾乐祸、妒忌和嫉妒。

幸灾乐祸

"每当某个朋友成功时,我心中的一小块就会死去。"

——戈尔·维达尔(Gore Vidal)[1]

---

[1] 1925—2012年,美国小说家、剧作家和散文家。出身于显赫的政治家庭,是美国政治的犀利评论者。——译者注

朱利安迫不及待地想开始新工作了。当他把辞呈交给现在的老板休的时候，他感到一阵欢欣，同时又有点悲伤。让他欢欣鼓舞的是，他要离开的地方是一个专做网络广告平面设计的小公司，而他即将加入竞争对手麾下，那是一个规模大得多的公司，曾多次获得网络广告的设计奖项。悲伤的是，他要离开老同事和这个亲如兄弟的老板了。休大度地接受了朱利安的辞呈，还恭喜他找到这么个好差事，并且祝贺他马到成功。接下来的几个月里，两人发现他们在争抢客户，胜负概率都差不多。失败者总会拍拍胜者的肩膀，并发誓从这次失利中吸取教训，下次要更加努力。

加入新公司一年后，朱利安胜出的次数多了起来。同时，他听到了一些闹心的传言。原来，休说了朱利安的坏话，说他是个忘恩负义又没本事的小人，完全没有竞争精神，一心只想着抢生意。朱利安不敢相信自己的耳朵，这一点也不像他认识的休。他决定趁着参加一个本地会议的机会，跟休当面说个明白。当他试图把休找过来聊聊的时候，这位前任老板带着假笑，找了个借口，朝着一群业内经理人走去，其中就包括朱利安现在的老板芭芭拉。让朱利安惊愕的是，当休对她说，能挖到朱利安是多么幸运的时候，连朱利安都能听出话中饱含的讽刺意味。

从那一刻起，朱利安发誓要彻底抛开心中的背叛感，以及对休的行为的困惑，他要专心致志地做好新工作。十八个月过去了，朱利安跟原先公司里的几个老朋友吃饭。饭局上，他的前同事们透露，休已经宣布要把公司卖给朱利安所在的这家公司，来解决严重的财务危机。"你都认不出来那家伙了。"老同事说，"他都被压垮了，感觉就像快要中风了似的。他总是迟到早退，也不像之前那样关心客户了，许多最好的客户都流失到别家去了。"听闻此言，朱利安感到心中涌动着一种熟悉的而令人很纠结的情绪。他脸上装出一副"噢，不会吧，那可太糟了"的表情，以隐藏住那一丝几乎难以掩饰的笑意。朱利安的真实想法是，"那个混账真活该！"可他对朋友们

说:"哎,真是个坏消息,我真心希望一切能好起来。"

我们极少对他人的幸运或不幸完全无动于衷。特别是那些在工作中我们会与之相比的人,比如同侪、上司或直接下属。有时,我们的确会真心实意地为他人的胜绩而高兴,即便在这场公平竞争中,是对方打赢了我们而胜出。打败对方的时候,我们甚至有可能会替他感到失望。

在良性竞争中,你希望表现最好的人胜出。当对方得胜的时候,你会与他握手,微笑,然后着手进行下一桩工作。有些时候,我们压根不想这么做。我们的心里酸溜溜的,很生气,还羡妒对方的好运气,或是暗笑她运气糟糕。此时你就该知道,良性竞争开始变味了。真希望你不会在这条路上走得太远,不会手里握着手术刀,瞧着同事滴血的职业生涯。

Schadenfreude 这个德语词儿很难翻译,它可以拆成 schaden(破坏)和 freude(快活),这是一种天下人都有的情感:幸灾乐祸。心中仿佛涌起一丝快意,朱利安感觉到了,历史上无数人也都曾感觉到它。

在但丁的《炼狱篇》(*Purgatorio*)中,主角与一个被卡在第二层地狱(妒忌)中的灵魂对话,因为"他从他人的不幸中得到的快乐超出从自己的好运中所得"。或者,像十九世纪德国的无神论哲学家 Arthur Schopenhauer 所说,"妒忌是人性,幸灾乐祸则是罪恶"。从原始人求婚者到聪慧的哲学家,从国王总统到你我,当我们看到别人绊倒时,这种情绪很容易占上风。

和从竞争中涌现出的所有情绪一样,幸灾乐祸也源自人类喜欢比较的天性。在当今社会,习俗和社会媒体已经搭起了无数个攀比的赛场,供人们拿自己与他人相比,因此幸灾乐祸的情绪时常会抬头。数年来,玛莎·斯图尔特(Martha Stewart)一直是完美的家政女王。结果,她的傲慢和优越感令她沦为深夜脱口秀节目的笑料,她本人也因为在财务问题上撒谎而进了安保级别最低的监狱。看着她从神坛上跌下,一度感到自己比不上这位家政女王的人如今体会到了一丝幸灾乐祸的战栗快感。当我们看到旁人受罪,尤其是一个激起过妒忌或嫉恨之情的成功人士的时候,心里感到某种程度的快慰是极为自然的。

当我们对身边关系最密切的人(比如同事、上司、同侪、朋友)感到幸灾乐祸时,麻烦就来了。对一个不认识的人感到幸灾乐祸是一回事,比如颜面尽失的安然CEO肯·雷(Ken Lay)或完美的家政女王玛莎·斯图尔特,而因某个同事降级或曾经幸福的一对朋友离婚而感到高兴,那就是另一回事了。

当你感到那一阵小小的欣快之情时,在指责自己铁石心肠之前,你要提醒自己,世上的每一个人都会时不时地幸灾乐祸一下。这是一种非常正常的情感,就像感到幸福或满意一样。然而,与那些积极情绪不同的是,它有可能会腐化成某种丑陋的东西。有人从晋升阶梯上掉了几格下来,而你往上爬了几格,尽管为自己开心吧,但你就别把人家踢下去了。

最近的脑科学研究发现,体会他人的不幸所触发的脑区,正是人类进行性行为或吃巧克力时激发的那个脑区,如果我们认识此人,那就更是如此。2009年,神经科学家高桥英彦(Hidehiko Takahashi)和同事们使用功能核磁共振成像(fMRI)来监测十九位受试者的脑部活动。受试者阅读一篇包含四个人物的故事:主角是平凡无奇的"张三",另外三个人里,有两个比他强,一个不如他。研究者请受试者想象自己就是张三,并把自己与另外三人作比。在那两个比张三强的人中,有一个跟他有关系,另一个没有。受试者阅读这个故事的时候,研究团队扫描了他们的脑部活动图像,设立基线。

接着,扫描继续,而受试者读到了三个配角遭遇不幸的情节。在实验之初,受试者就标出了他们对这些角色的妒忌程度。在研究的第二阶段,他们标出了看到角色们遇到麻烦之后的高兴程度。结果发现,受试者对优越角色(特别是那个跟主角有关系的)的妒忌程度越高,主管冲突、社交痛

苦与遭拒的那部分脑区的活动就越剧烈。

这样想吧。你正在读一个关于迪克、简和斯派克的故事。迪克是个呆瓜，属于那种你绝不会邀请他来吃午饭的那种人。简在很多方面都让你羡慕，但你不喜欢她那么聪明。另一方面，斯派克也令你羡慕，但你喜欢他的幽默感和慷慨大度，而不是智商。当蠢迪克绊倒在一根木头上，摔了个嘴啃泥的时候，你耸耸肩，心想这不过是个小意外，反正他一天到晚总出这种事儿。当简踩到香蕉皮，滑倒了之后，你心里偷乐了，她不是什么都懂吗，活该绊一跤。可是，当你最妒忌的那个人，老好人斯派克重重地摔了一跤的时候，你的快慰之情更甚。

当某个我们妒忌的人遭遇了坏事的时候，我们为什么会感到高兴？功能核磁成像的研究表明，这是因为幸灾乐祸所触发的那部分脑区，正是包含奖励回路和对基本快感(比如性、食物和药物)做出反应的那个部分。这个脑区在多巴胺释放过程中也扮演着重要角色。多巴胺是一种神经递质，有时被人称作"快乐化合物"。人类热爱多巴胺，为什么我们如此沉溺于人生中的种种快事，原因就在这儿。在我们看来，幸灾乐祸的感觉就像圆满完成一场重要的演说或是参加庆功宴的滋味一样好。

心理学告诉我们，人们非常乐意保护或加强他们对自身的看法，这种动力是如此强劲，以至于心理学家们认为，积极正面地看待自己，是人类的一种原始动力。保护或加强对自身看法的方法之一，就是把自己跟不如我们幸运的人(或是比我们幸运但遭遇挫败的人)相比。幸灾乐祸的感觉创造出一种暂时的满足感。当你的好朋友撞到脚趾的时候，你暗自庆幸你的脚趾头正舒舒服服地在鞋里待着呢。

不妨把幸灾乐祸看作是对与妒忌相关的负面情绪的舒缓反应。妒忌触发的是处理冲突、社交痛苦和遭拒的那部分脑区，而这些情绪都是不愉快的。这些情绪上的痛苦会引发某些丑陋的行为反应，这些行为会破坏(甚至是彻底毁掉)信任、团队凝聚力、人际关系以及组织文化的整体健康。

绝大多数人认为妒忌和嫉妒是一个意思，但这两种情绪有很重要的区别。当一个人渴望得到别人(无论此人是密友还是彻头彻尾的陌生人)拥有的某项特质或成就的时候，妒忌就会抬起丑陋的头，比如"我希望咱们也能开上邻居家那样的雷克萨斯"。嫉妒则发生在情感关系中，比如"约翰受不了萨莉移情别恋，她爱上了汤姆"。当我们讨论职场中的此类情感时，我们基本上说的都是妒忌。

◎　妒　忌　◎

朱利安离开公司时，休感到自己遭到了背叛，很不高兴。然而，他把这些情绪隐藏起来，祝福朱利安在新公司里一切顺利。接下来的几个月里，老同事变成了竞争对手，休的公司有越来越多的业务流失到了朱利安那里。一年之内，休发现公司陷入亏损。在那次会议上遇见朱利安的时候，他差点没控制住自己的情绪。他心想，"那个叛徒看起来那么志得意满，我真想吐他一脸口水"。他没有那么做，而是对在会上碰见的每一个人都说了朱利安的坏话。休还怨憎的是，朱利安挣了那么多钱，刚刚买了新房子，还娶了交往很久的女友，那姑娘以前也是休的下属。

朱利安的财富越多，休就越消沉。朱利安成了当地行业协会的董事，而休躲在家里自怨自艾，绝大多数会议都不去参加。休感到自己老了，疲惫不堪，意志消沉。公司的生意继续下滑，除了被人兼并之外，休看不到第二条路。兼并会帮助公司回到正轨，可是，一想到要把控制权交给竞争对手，休就感到刻骨地伤心。兼并完成之后，休待在办公室的时间越来越少了。最终他辞了职，从一度深爱的行业中退休。每一天他都想着朱利安，

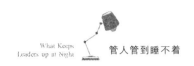
他要么希望"那个忘恩负义的臭小子"跌跤,要么就把自己想象成朱利安,重新恢复了青春活力,享受着成功的感觉。

人们往往会把妒忌和嫉妒的意思弄混。妒忌在人类历史上占有特殊的位置,是七宗罪(Seven Deadly Sins)之一。就像贪婪一样,妒忌也源自不知满足的渴望,但它渴望的不是物质,而是他人的成功和好运。妒忌的人会怨恨别人拥有自己没有的赞扬和地位。它违反了《十诫》(*Ten Commandments*)之一:"不可贪恋他人的一切。"在但丁的《炼狱篇》中,犯下妒忌之罪的人要遭受特殊的惩罚。罪人的双眼被线缝上,因为他们因看见他人陷入困境而感到罪恶的快乐。

这些历史有助于解释我们为何会把这种典型的人性当作黑暗的秘密深藏起来。它令我们感到自私和羞愧。如果承认了这种羞耻感,那么我们就会注意到这个事实:我们在拿自己和他人作比较,于是我们的自尊心就会受伤。妒忌之情还与一种同样强有力的渴望相违背:这种渴望让我们用积极的眼光看待自身,做一个支持他人、乐于看到他人成功的好人,而不是当一个心怀妒念、恶毒地对待他人成就的坏人。这样的认知失调(同时持有两种相冲突的想法)会导致焦虑、挫败感,甚至还会导致抑郁症。我们有可能像休一样,一个人坐在那儿自怨自艾,想象着我们妒忌的那个人摔下悬崖,而我们乘着成功的翅膀高高飞起。

当我们希望自己拥有别人的成就、功绩、财产,或希望他们不曾拥有这些时,妒忌情绪就现身了。休觊觎朱利安年轻,幸福,事业成功,而且不能容忍自己年华老去,财务也陷入危机。他或许也会妒忌亿万富翁比尔·盖茨(Bill Gates),但这种痛苦肯定比朱利安带给他的要小得多,因为他认识朱利安。当我们把自己跟熟人相比,而且发现自己矮人家一头的时候,这种痛苦之情更甚。在职场中,妒忌会引起痛苦,这是因为:

● 它凸显出他人拥有的东西。

- 它提醒你缺少什么。

- 它会引发不愉快或有破坏性的行为。

- 它会破坏顺畅、高产的工作关系。

- 它会让你感到难为情。

妒忌有时候会激励我们做得更好。2004 年，研究人员约翰·肖布莱克（John Schaubroeck）和西蒙·拉姆（Simon Lam）进行了一项与香港的一批银行出纳员相关的研究。他们发现，没有获得晋升的出纳对那些获准升职而且状况跟他们差不多的同事们尤为妒忌。有趣的是，这些心怀妒忌的出纳在接下来的五个月内都表现得比以前好，这说明妒忌心理可以激发人们做出更好的业绩。这些有动力的人把妒忌心转化成了"健康的竞争"，就像珍妮特和布拉德在早期时那样。

对自尊心比较脆弱的人来说，当他们在工作中参与竞争，并拿自己和他人作比较时，妒忌会进一步损伤他们的自我意象。心理学家约翰·萨比尼（John Sabini）和莫里·西尔弗（Maury Silver）认为，与其他情绪不同的是，妒忌引发出的情绪状态并非单一的，而是包含着许多令人不悦和不舒服的心理状态。无论我们多努力地掩饰，在他人眼中，那种感到自己不如别人、不公平、渴望和憎恨的情绪是如此明显。这些情绪会激发出赤裸裸的、带有敌意的行为，就如同希望别人失败的情绪会导致破坏行为一样。

心理学中有个名词叫做自我相关的妒忌（self-relevant envy），与它紧紧相随的就是敌意。"自我相关"这个词指的是，他人所拥有的成就或财产似乎超出了我们的能力范围，但依然对我们有重大意义。设想一下，假设你是没希望升成出纳主任了，但你用自己在工作中的排行地位来标定自己的人生位置。挫败感和无价值感会让你变得沉郁，你用很差的态度对待同事，每当你感到别人轻视你的时候，你就会大发脾气。现在，妒忌演变成了真正带有"毒素"的情感，讽刺的是，它会令你在工作的排行地位变得更低，

或者是彻底把你赶出职场。

圣母大学(Notre Dame)管理学教授罗伯特·维奇奥(Robert Vecchio)对职场中的妒忌情绪做了广泛研究。他发现,对奖励、资源和认可的竞争令人们产生了大量的妒忌情绪,其中一大部分都源自一种不公平感。在工作环境中,最容易妒忌别人的人,自尊心一般都比较脆弱。这些情绪都是很不好处理的,由于缺乏缓解这些情绪的心法,这些人很容易诉诸操纵的、自私的行为,而这些行为会引发严重的领导力问题。

然而,研究发现,高效能的领导力和强有力的组织文化有助于缓和职场中由妒忌引发的负面效应。例如,米歇尔·达菲(Michelle Duffy)与同事们在2012年做的两项研究发现,同事之间关系的亲近程度会影响人的妒忌心态。研究者们调查了一所医院里员工们的行为,结果发现,当妒忌的员工与同事之间的关系较为疏远时,就更容易做出有破坏性的行为。当他们跟同事们熟了之后,那些曾经体验到妒忌情绪的员工做出的破坏行为就减少了。

在第二项研究中,在校大学生们在一个学期里填写了一系列的调查问卷,评估他们的妒忌程度、与学习小组内其他成员的关系质量以及小组内出现的破坏行为的程度。那些承认自己感到妒忌并与组内成员没有亲密友情的学生,做出的破坏行为最多,如果他们身处一个破坏行为总体上较多的小组,就更是如此。这两个研究说明,职场中密切的人际关系未必会减少妒忌之情,但可能会缓解那些往往被妒忌之情引发出来的破坏行为。研究还表明,当工作场所对破坏行为有所容忍的时候,就会提升有妒忌心理的人做出破坏行为的概率。

《温莎星报》(*Windsor Star*)2006年10月2日上刊登的一篇文章说,维奇奥博士对一百余名一级主管进行了调查,结果发现,当主管对下属缺乏关注时,下属们的妒忌情绪增多了。这些研究都标明,强有力的、积极正面的工作关系与关爱下属的领导力,能够缓解妒忌之情和恶意行为。

发表于 2010 年 6 月 18 日《卫报》(*The Guardian*)上的一篇文章中，希拉里·奥斯本(Hilary Osborne)讲述了一名经理人李·史密斯的故事。史密斯在一家大型美国企业里做营销主管，较为年长的鲍勃·琼斯来自一家被史密斯的公司并购过来的企业，两人需要并肩工作。

史密斯回忆说，琼斯背着他，让他的直接下属为自己做事，却从不告诉史密斯一声。琼斯嫉妒这位新搭档的地位，他不但破坏史密斯的威信，还让办公室内的每一个人都过得很难受。当史密斯向美国老板们投诉的时候，他们拒绝处理这件事情，并且听任破坏行为继续下去。最后，史密斯拂袖而去，开创了自己的公司。

研究证实，幸灾乐祸、妒忌和嫉妒——被竞争和社会比较引发出来的所有情绪——在群体中会变得更加有力。它们就像黏合剂，让群体中的人更加安然地带有这些阴暗的情绪。比起一对一的情况，身处群体中的人们更容易自由地展开竞争，因此，他们往往会发现，身处团队中时，他们会做出一对一竞争时不愿做的行为。一对一打网球时，我们倾向于表现出更强的竞技道德，行为更加得体，但把我们放到一支足球队里的话，当对方球队里的明星球员受伤并退出这个赛季的时候，我们就会暗自窃喜。

那么，领导者能做些什么，来创造出一个能把这些复杂情绪(既包括个人，也包括团队)的负面效应降至最低的环境呢？

◎ 处理恶性竞争中的情绪问题 ◎

当你决定着手处理良性竞争变坏所引发的情绪问题时，第一步必须要解决当事人的自我价值感和自尊心问题。这些问题隐藏在此人身份意识的核心深处，包含着某些最为原始也最为强大的人类情绪。为了保护这个

核心,人们会使用许多花招,从扮演受害者、表现得像个爱八卦的青少年一样,直到做出造成严重后果的破坏行为。扮演受害者时,他们会把自己的欠缺归咎到他人头上,自怨自艾,拒绝为自己的处境承担责任。如果他们做出攻击行为,他们会为自己的行为辩护,或是否认自己做错了任何事情。无论是哪种情况,与这些行为相随的有力情绪会蒙蔽妒忌的人的双眼,让他们看不见自己对妒忌对象、对自己、对身边的每一个同事所造成的伤害。这种但丁式的眼罩让人更难发挥觉知能力——如果你想解决办公室里的心理问题,尤其是妒忌问题,觉知能力是必不可少的。

你可以从盘点自己的想法开始。如果你最近感到自己幸灾乐祸了,或是发觉自己妒忌某人的成功,就这样问问自己:

● 我是不是在扮演受害者?我有没有把自己的现状归咎到别人头上?我有没有让这种受害者的想法妨碍我采取行动,改善处境?

● 我有没有说过那个人的坏话?我有没有传播他们的八卦或流言,好让他们面上无光?

● 我有没有感情用事,对那个人做出破坏行为?

● 我敢不敢对自己承认,或者更加勇敢地向别人承认,"噢,我真的很嫉妒他"?

你也可以找一位值得信任的顾问、教练,甚至是心理医生来谈论上述问题,这些人能够帮你移除那些蒙蔽双眼的缝线。你可能没有意识到自己做出了某种行为,而同事或商业教练能够为你提供独特、客观的见解。无论是什么情况,第三方都能在你被"该隐和亚伯效应"俘获之前,帮助你朝着遵守良性竞争规则的方向,迈出重要的步伐:

● 准确地找出幸灾乐祸或妒忌之情的根源。

● 衡量你与妒忌对象之间的关系的牢固程度。

● 明确列出你的情绪,怨憎、愤怒、羞耻、懊悔、蔑视、挫败感,等等。

- 你在感觉到这些情绪之前，所期望的结果是怎样的？把它描述出来。

- 找出令你感到失控的事件。

- 哪些人可能会被你的行为（有意和无意的）伤害到？

- 把你目前的自我价值感从 1（耻辱）到 10（自豪）打分。

- 如果把行为从"温和"到"狂暴"画一条数轴，你的行为处在什么位置？

- 如果你信任的一个朋友遇到了类似的情绪或做出了类似行为，你会给他什么建议？

- 如果要改善你目前的状况，掌控你现在的处境，得到你想要的结果，你现在能采取哪些行动？明确列出一到两项。

为了重新看清问题，我们需要在心理上与它拉开距离。向自己提出上述这些问题，或是与一个信得过的顾问讨论它们，都能达到这个效果。治愈心理问题的良药莫过于看清现实。例如，如果布拉德这样做了，他或许能够及时地转变态度和行为，不会任由它们毁掉他的职业生涯和健康。看清心中的愤怒、怨憎和妒忌之后，他或许会得出结论：结合当时的情境，这些情绪都再正常不过；但它们降低了他的自我价值感，而他做出的所有不健康的破坏行为伤害了他自己、珍妮特以及他身边的每一个人。为了赢得升职，他已经尽到了最大的努力；珍妮特只是运气很好，抢先打赢了一场重要官司而已。或许他的机会还没有到来——如果他着眼于下一次升职的机会，把精力用在争取他想要的结果上，情况会怎样呢？

◎ 促进良性竞争 ◎

我们已经看到，人际关系疏远的竞争环境会鼓励恶意的、妒忌的行为。为了创造一个能够阻止良性竞争沦落为恶性竞争的健康环境，身为领导者

的你应该这样做:

● **鼓励相互支持的、友好的竞争。**身为领导者,你发自内心地想要建立一个健康的竞争机制,你不希望人们用破坏性的方式互相对着干,就像布拉德和珍妮特那样。想要得到更好的结果、更高的生产力、更大的干劲和更出色的业绩,你必须让人们对竞争抱有良好的感觉,通过这种方法来驾驭良性竞争。在团队成员中创造出友好的竞争,而不是那种"非赢即输"的终极挑战。要把重点放在个人的努力如何帮助整个团队取得成功上。律师事务所的合伙人应当向布拉德作出保证,虽然珍妮特这次领先了,但他很快也会得到类似的机会,珍妮特的胜出并不等于他的失败。你要警惕越界的讯号:毫无根据地抱怨他人、大发脾气、背后捅刀子、相互指责、做出破坏行为。

● **做到透明公开。**要制定一个开放的政策,鼓励大家坦率地说出自己的感受。当你必须做出某种可能会引发妒忌或幸灾乐祸的举动时(比如增加一名团队成员,晋升、降职或奖励某人),要做得透明公开,让每一个人都清晰地看到你这样做的理由。如果输赢在所难免,那就清清楚楚地对所有与此事有关的人说明。如果律师事务所的合伙人建立起了一个透明的文化,并且希望把两个"摇滚明星"都留住(无论谁获得了晋升),他们就会早早意识到可能会发生的问题,这样一来,他们制定出的基本规则就会鼓励良性竞争,而不是一场恶战了。

● **建立导师制度。**罗伯特·维奇奥博士在《管理职场中的妒忌与嫉妒》一文中提出了一个建议:让明星员工(这样的人常常会引起他人妒忌)当导师。这样一来,他们就可以缓解负面情绪,强调建设一个协作的、沟通顺畅的团队环境的必要性。导师制度打开了一条沟通管道,减少了可能会点燃妒忌之焰的臆测和假设。运作顺畅的导师制度还能让导师向徒弟学习,这进一步让导师变得人性化,并有可能减少妒忌或不快。

● **提倡公平。**塑造一个公平、公正的工作环境。仔细想想,什么事最能挑起员工的不满？看到某个同事因为没做过的事而得到嘉奖，或是（没有理由地）得到特别优待。你要确保每个人都了解奖励体系的规则，清楚地说明为何某人得到了嘉奖，其他人也想得到的话应该怎么做。寻找不公正的地方，迅速地解决问题。再强调一次，当你偏心地帮了某人一把，或是为谁破例的时候，你就要仔细地审视自己内心是否存有偏见。

● **解决冲突**。把问题扼杀在萌芽状态。出色的领导者能注意到人们之间细微的情绪变化。当恶意的妒忌有所抬头时，你肯定会发现的。律师事务所的合伙人当初就应该察觉到布拉德的变化。心怀妒忌会让人变得很不自在，而这种难受劲儿会在行为中自然而然地流露出来。看到这种苗头的那一刻，就把问题解决掉。如果人们知道上司真心关心自己，尊重自己的感受，当良性竞争开始变坏时，他们就会把心事说出来。如果布拉德的恶意情绪刚刚露头的时候，合伙人就能把这个问题摊开说清，那么布拉德很可能就不会栽下悬崖了。

● **培养团队精神**。你需要投入时间来培养一支懂得"高尚竞争"的团队，让大家开心又积极地投入竞争。你要学习情商以及它在团队中的作用。关于这个主题，马西娅·休斯（Marcia Hughes）和詹姆斯·特雷尔（James Terrell）写过一本极棒的书《高情商团队》（*The Emotionally Intelligent Team*）。工作之余，带团队出去参加一些社交活动，好让他们可以增进彼此的了解，变得亲密融洽。（要记住，恶意的妒忌更有可能在疏远的人中出现。）为共担责任和团体奖励创造条件，好让每个人都能从队友们的不同工作风格中学到东西，并且树立起大家可以相互依靠的信心。

● **明智地选人**。维奇奥博士建议，在招聘过程当中和结束后，应当花点时间对候选人的情绪成熟度做出评估。研究发现，自尊心较为脆弱、性格自私的人最容易产生忌妒心。在面试中寻找蛛丝马迹。应聘人是如何评价过去的工作/上司/同事的？留心他有没有毁谤前同事的倾向。提出一个假设的场景，测试应聘者对妒忌的倾向。"如果工作是你做的，但队友得到了表扬，你的反应是什么？"当然，在调查应聘者背景时，你也可以做一些情绪管理方面的调研。

◎ 本章小结 ◎

该隐、亚伯以及在当今职场上为成功而奋战的我们之间有何共同点？他们和我们都会时不时地遭受妒忌心的困扰。很少有情绪能像妒忌这样引发出这么多问题。职场中，未经察觉的妒忌会导致健康的竞争迅速变质，堕落为一场混乱的恶战。

偶尔的幸灾乐祸和妒忌并不会让你变成坏蛋，它们都是非常自然的情感。产生这些情绪的大脑机制，跟我们吃喜欢的糖果时会感到快乐是一样的。

职场中的良性竞争之所以会变坏，其背后的情绪因素往往是由于缺乏公平，抢夺资源或地位，或是当事人有自卑感而产生的。恶性竞争对个人和团队有极大的破坏力。就像对付绝大多数会在职场中造成破坏的心理问题一样，你必须睁大双眼，更加清楚地看清状况。幸运的是，无论是领导者，还是卷入恶性竞争中的人，都可以采取正确的行动来提升自我觉知能力，想出健康的解决方法。

What Keeps
Leaders up at Night

第五章

为何野心会毁掉成功？

位声名显赫、野心勃勃的将军已经以人民之名,征服了诸多疆土。他人很聪明,交游广泛,政治上极为精明,深受部属爱戴,因此竞争实力几近空前。此人就是尤里乌斯·凯撒(Julius Caesar)。他已经答允,与主要的竞争对手克拉苏(Crassus)和庞培(Pompey)一同分享对共和国的统治权。但紧张感正在悄悄酝酿。凯撒带领军队越过卢比孔河(Rubicon River)的时候,微妙的权力平衡被打破了。这引起了一场内战,结果以凯撒得胜而告终。他当上了罗马无可争议的领袖,享受着荣耀和富足。他自封为"终生独裁者",并独揽大权,疏远了元老院。罗马元老院担心凯撒的野心终将令他称王,如果他成为罗马之王,这场政治变革将毁掉元老院,更不用说还有整个王国和疆土。没过多久,凯撒最亲近的朋友和同盟者站起来反对他,并谋划了刺杀事件,在元老院的台阶前攻击了凯撒。每一名刺客都朝他捅了一刀,而他最信任的朋友布鲁图(Brutus)朝他的心脏刺出了最终的、致命的一刀。

纵然有千般失策,但凯撒做出了一个明智的决定:他选中了一个能干

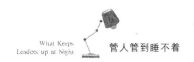
的继承者,自己的甥孙兼养子屋大维(Octavian Caesar)。父亲被刺杀后,屋
大维采取了一连串稳妥又精明的政治举措,建立同盟,必要时推翻对手。
如今又被人们称作奥古斯都的屋大维渐渐地取得了尤里乌斯当初觊觎的
地位,成为史上首位毫无争议的、真正的罗马皇帝。他的统治持续了将近
四十五年,而他父亲才不过勉强执政了四年。尽管取得了非凡的成就,但
屋大维从没被权力俘获,而他的养父却对这种力量心醉神迷。他公开宣
称,自己只是元老院的顾问,而不是上司,但实际上,他是中央集权的罗马
帝国的真正创始人。经过连年内战,罗马终于迎来了著名的和平时期,地
中海人民因此得享安宁,这段时间不仅限于屋大维执政时期,而是延绵了
一百五十年。屋大维年老过世之际,追随者深信他已经跻身神的行列,并
把他当作神一样崇拜。

　　这两人都极富才华,也都取得了无上的成功,然而一人由于野心过大
而遭到刺杀,另一人却懂得为了人民的福祉收拢野心,并赢得他们的无尽
忠诚。为什么这两位领袖人物同样有才,但命运际遇却宛若云泥?答案可
以归结为,这要看领导者是否能够做到以下这几点:

- 在野心与人性间取得平衡。
- 控制住自己,不骄傲自满。
- 尊重他人。
- 树立积极正面的形象。
- 用长远的眼光看待成功。

　　世界上的尤里乌斯·凯撒们往往以失败而告终,这是因为他们追求的
是"近视型"成功,这是一种目光短浅的、自私自利的成功。而屋大维们追
寻的是"全景型"成功,他们能够看到大局,为所有人谋福利。

　　就像本书中探讨的其他领导力话题一样,在野心和成功的世界里,对

于哪些做法行得通,哪些行不通,心理学和神经科学也提出了一些非常有趣的解释。现在就让我们来看看一些能让你高歌凯旋或铩羽而归的基本要素。

◎　自我图式与期望　◎

　　心理学上有个概念叫做"自我图式"(self-schemas),指的是我们用来定义自己的个人故事。① 我们每个人都会创造这种图式。对不少人来说,内在独白就像是抚慰人心的美食。对另一些人来说,这些人的故事就像是难以下咽的苦涩果实,它们带来的痛苦是如此之多,以至于干扰了我们应对人生的能力。我们都遇到过这样的人吧:某位朋友或同事仿佛总是在期盼失败,他们把自己的一切成就都轻描淡写,把人生看作是一个半空的杯子。还有一些人,无论是什么竞赛都渴望取胜,充分肯定自己的每一个成绩,浑身上下都闪耀着自信的光彩,他们不但把人生看作是半满的杯子,在他们眼中,人生简直就是一个盛满酪悦香槟的巴卡拉水晶杯。无论这些人的故事是积极乐观还是消极悲观,它们都深深地镌刻在我们心底,而且是那样理所当然,要改变它们绝非易事。唯有通过深刻的自我觉察,我们才能发现这些人生模式,并且把它们修改成更有助益的样子,帮助我们取得更多想要的成功。悲观主义者可以从更为阳光的心态中获益,总是过分乐观的人则会得到一帖必需的"现实良药",从而得到更好的结果。

　　图式就像是一本袖珍的个人指南,指导着我们的世界观。它告诉我们如何思考和行动,如何与他人交往。它来源于我们的人生体验:我们的生

---

　　① 　自我图式是指个体在以往经验基础上形成的对自己的概括性的认识。——译者注

活经历,文化背景,环境,父母、家庭对待我们的方式,教导我们的师长,一路走来结交的朋友,等等。图式如同指纹,没有哪两个是一模一样的。无论你做任何事,都是根据这个人生图式进行的,比如开车、谈恋爱、做日常工作或是担任领导者的职位。

图式一旦形成,你的大脑就会把它作为长期记忆存储下来,用它来处理与你相关的信息。对于自己遇到的人,乐观小姐发展出了一个积极正向的图式,这个图式让她轻松从容地投入并管理人际关系。当然,悲观小姐会更消极一点,她的图式让她在人际关系中磕磕绊绊,经常错失重要的机会。由于我们是按照图式来创造自己的人生经验的,所以这些体验又进一步证明我们的世界观是正确的。

每当与已有的人生故事相类似的信息或体验出现时,大脑就会把这些新信息同化吸收,这往往会使我们的人生图式变得更加牢固。悲观小姐的同事们出去吃午饭了,却没叫上她。虽然从同事们的角度来看,这是个偶然的疏忽,因为大家要去吃午饭的时候她正在开会。但这个偶然事件被她较为悲观的图式吸收同化,于是进一步加强了她的观点:"大家都不喜欢跟我在一起"。

有时候,一些人生体验并不符合我们的现存图式,我们必须做出调整。乐观小姐遇到了一个犹如噩梦一般的工作环境,人际关系糟透了,所以她必须微微调整一下自己的图式。悲观小姐遇上了一个完美的工作环境,那么她也需要做出调整。心理学家把这叫做"调适"(accommodation)。我们会发现,那些能够巩固我们的人生图式或只需要做出少量调适就可以的信息,更容易被我们记住并整合到世界观中。

此处的关键词是"少量"。我们拒绝接受那些严重违背人生图式的信息。我们或许会这样对自己说:"噢,那事儿太少见了,绝对不会再发生的。"这种想法会让我们看不到真正的现实,就算不是扭曲现实,也是严重的偏见。毫无疑问,这会为我们带来很多麻烦。

乐观小姐和悲观小姐的人生故事都创造出了相当偏颇的人生观。如果你仔细倾听某人对事件的反应,你就会对他的人生图式以及它创造出的偏见有所了解。正如我们在第一章中看到的,人们倾向于按照已被验证的偏见行事,用符合自己人生图式的方式来诠释生命中的事件。渐渐地,我们会严重地扭曲现实,以至于我们会认定某件事的确验证了我们的偏见,但实际上它并没有。可是,这一切与成功和野心又有什么关系?

◎ 成 功 图 式 ◎

由于我们会把生命中的每件事都同化吸收到自己的人生图式中,那么我们会建立一个"成功图式"也就不足为奇了。我们的成功图式与自我图式紧密交织,在精神层面上扮演着非常重要的角色,而且也很容易受到偏见的影响。成功图式是基于以下因素而形成的:

- 监护人向我们传达的关于成功的信息(可能很明显,也可能没那么明显)。
- 我们把监护人与其他人的情况作对比,然后对成功做出诠释和解读。
- 我们与他人相比较的方式。
- 媒体上一年 365 天不间断地传达出的成功信息。
- 我们从课堂内外学到的关于成就与野心的讯息。

最近我与人合办了一个工作坊,参与对象是一所著名商学院的在校生。从这所学校毕业的学生往往都会成为行业中的领袖人物,拥有众人眼中极为成功的职业生涯。工作坊结束后,我跟学生们进行了一组一对一的教练指导。在指导中,任何话题都可以讨论,但我发现,我们聊到的往往都

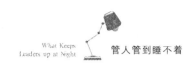
是"要拥有一个成功的职业生涯,我需要做什么"。在这些聪颖又有上进心的学生中,绝大多数人都盯住了投资银行。当我探询这种想法的根源时,绝大多数人承认说,他们只是想赚很多钱,也有人说,"别人都希望我进这一行"。他们认为,成功就是赚一笔大钱,或是实现他人的期望。随着探询的深入,我发现他们很少有人能讲清楚投资银行家究竟是做什么的。

有个发自内心想创业的学生告诉我,来这儿上学之前,他已经设计并卖掉了一个科技产品和几个创业公司。当我们谈到这些商业经历时,他的眼睛闪闪发光,话语里满含着激情。当我们谈起他的职业规划时,他无精打采地说,"投资银行家"。我问他为什么,他坦承说,之所以选择这条路,是因为他认为在这个行业辛辛苦苦熬上十年,就能赚到足够的钱,好让他去做真正想做的事情。"那你做科技创业公司的热情呢?"我问,"要是你没能存够一大笔钱去做热爱的事呢?"他耸耸肩说,"这跟爱不爱有什么关系?"

许多学生在想到未来时,做的都是冷冰冰的计算。对他人和某些想法的情感牵绊、社会关系和恋爱关系,以及其他一些温暖柔软的情感会妨碍他们实现野心勃勃的目标。

我也得到了一个机会,去跟这所商学院的研究生项目中的几位教授和学生谈了谈。每个人都说,从这个本科生项目直接升上来的学生更加不重视自己与同学的关系,而且对未来的职业表现出过分的执著。诸如同理心和人际关系这样的基本人性因素被忽视了,"做到最优秀"则排得很靠前。

就像所有的图式一样,统治着这些学生的人生图式也来自于一系列因素的结合:社会的、文化的、发展的、环境的。其结果是一系列强有力的信念,塑造了他们心目中对于成功的定义:做投资银行=金钱=成功。这些深深扎根在心里的信念最终会塑造他们的行为,比如根据他人的期望来选择自己的职业道路;用金钱来衡量成功;不重视自己真心热爱的东西,或是推迟对它的追求；减少那些不能明显地有助于事业的社交活动。这所商学院的文化、爱竞争的学生们与生俱来的比较天性、从父母和老师处得到的信息，再加上普遍缺少人生阅历、不够见多识广，所有这些因素汇集在一起，让这些学生们形成了一个颇为冷漠、狭窄、又"近视"的成功图式。

就像我们所有人一样，这些学生必然会在成长过程中修订他们的图式，他们的阅历会逐渐丰富起来，遇到更为多样的人。他们的成功图式能够、也必定会同化吸收新的信息，并做出调适；同时，他们也会发现自己会固执地拒绝改变，除非他们培养出了敏锐的自我觉察能力。以下四条心理学原则有助于解释为何偏见和扭曲会让我们的图式一成不变：

● 我们会迅速而高效地处理那些与现有的自我图式和成功图式相符的信息。

● 我们倾向于回溯并记起那些支持自我和成功图式的信息。

● 我们倾向于抗拒那些与自我图式和成功图式相抵触的信息。

● 根据这些图式，我们形成了对他人、环境和自我的感知和期望。

难怪我们会变成少数几个观点与行为的囚徒。正如狄巴克·乔普拉(Deepak Chopra)①所说，"我们每天大约有六万个想法。不幸的是，95％都是前一天想过的"。领导者该如何从这个心灵监狱中破墙而出？这往往需要经历一场犹如当头棒喝、足以改变人生的事件，或是许下自我觉察的坚定承诺。

在那次教练指导中，有三名学生跟别人很不一样。他们的成长背景迥异，但都有一个共同点：每个人都曾经历过对人生有重大影响的事件，塑造

---

① 在印度出生成长，身心医疗和人类潜能领域举世闻名的领跑者。一九九九年被《时代》杂志选为二十世纪顶尖的一百位偶像与英雄之一，目前他是乔布拉幸福中心的创办人及总裁。畅销作品包括《不老的身心》及《成功的七项灵性法则》等书。——译者注

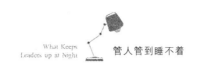

了他们对成功的定义。罗杰在年幼时就失去了双亲,伊曼纽尔有信仰,而迪薇娅从小在一个极为强调人际关系并尊重他人的文化中长大。尽管没有一个人能够说清对未来职业道路的预想,但三人都谈到了以下这些热望:他们想要改变创造,激励并推动别人向前,并且要为了大众的福祉,积极参与对社会有益的活动。毫不奇怪,在这所商学院高度自我中心的文化中,他们都显得格格不入。迪薇娅提到,她有一种"局外人"的挫败感。

尽管罗杰、伊曼纽尔和迪薇娅在班上的成绩并未名列前茅,但我愿意立即雇佣他们。我会很高兴为他们其中任何一个工作,或是与他们共事。如果他们担任了领导者的职位,在他们对成功的定义中,很可能会更加重视群体的福祉,而不是个人的私利。我把这种成功观念称作全景型图式。全景,意味着一种开阔而兼容并蓄的视角。

我把其余大多数商学院学生持有的那种以自我为中心的或关注面比较窄的图式,称作近视型图式。近视的意思就是只能看得见近处的东西,意味着一种狭窄而排外的视角。对比之下,全景型图式包含了"大局"的意思。假设有这么一条数轴,左边是近视型,右边是全景型,绝大多数人都会落在中部区域,位于数轴极左边的人比极右边的人更难维持长久的成功。

◎ 近视型成功 ◎

由于个人图式与缺乏自我觉知,尤里乌斯·凯撒追求成功的做法是近视型的,这让他忽视了一点:想要成功,必须顾及群体的需求。治理国家如是,经营商业组织也如是。除非组织中的所有利益相关方都取得成功,其中包括员工、客户、股东、合作伙伴、组织所在的社区、环境、世界,否则领导者终究还是会失败。

追求成功的过程中，近视型的做法会促使人做出有害的短视行为，并且纵容野心肆意发展，这会导致专制、权力滥用、违反公民权益。如果领导者真的做出这些行为，最终必会失去人民的信任、善意和能量。最糟的情况下，近视型的领导者终将失去他渴望的权力，手中只留下一个孱弱的、甚至是垂危的组织。

这种毁灭性的衰落有一个经典的案例。1996年，Sunbeam公司聘用臭名昭著的"链锯"阿尔·邓拉普（Al Dunlap）出任CEO，请这位无情的转型专家来提升组织绩效。邓拉普自命为"穿细条纹西装的兰博"，他特别出名的就是对着表现不好的员工一通臭骂，但凡有人不符合他的期望，他就把人"推出去砍了"。公司董事会非常喜欢他，因为他孜孜不倦地工作，拼命为股东增加收益。这一回，邓拉普为Sunbeam订下了超乎现实的目标，随后解雇所有没能达标的经理人。

恐惧和抑郁就像野火一样，在整个公司上下蔓延开来。大面积裁员开始后，Sunbeam的员工们都士气低迷。华尔街掉过头去，不看好这家公司了。股价在刚开始的时候涨幅惊人，可随即就跌到了史上的最低点，终至崩溃。两年如地狱般的时间里，邓拉普在Sunbeam的恐怖统治走到了尽头。无情砍杀的行为给他招来了一场集体诉讼，告他的正是最初支持他的股东。"还有你吗，布鲁图？"①Sunbeam爆发出的财务欺诈案还引起美国证券交易委员会（Securities and Exchange Commission）提起了民事诉讼，该机构最终对邓拉普颁下禁令，从此之后不许他担任任何上市公司的董事或主席。一度强势的暴君退休了，在华厦中孤独终老，围绕他的全是动物掠食者的雕像。阿尔的朋友和同事极少去看望他，儿子也和他断绝了关系。

---

① 即Et tu, Brute? 后世普遍认为这句拉丁名言是凯撒死前说出的最后一句话，当他看到最宠爱的助手、挚友和养子布鲁图也在刺客之列时，就绝望地说出了这句遗言，放弃了抵抗。后来这句话成为西方文学中对背叛的隐喻。——译者注

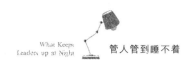

邓拉普是踩着别人登上权力宝座的,这些人本该是他服务的对象。他缺乏同理心,还有一副掠食者的手腕,这让他多年来执掌了不少陷入麻烦的企业,驱使它们取得了财务上的成功,可他最终还是碰壁了。生活和职业上的破落,正是近视型成功图式危险的缩影。

想要寻找近视型领导力的例子的话,你用不着费多大劲就能找到,世界各地都有案例,也不分企业大小。这些例子往往会登上头条新闻,他们以自我为中心的判断出现了灾难性的失误,或是把权力滥用到令人发指的地步。这张名单中包括理查德·尼克松(Richard Nixon)、伯尼·麦道夫(Bernie Madoff)、英国石油(British Petroleum)的托尼·海沃德(Tony Hayward)、雷曼兄弟(Lehman Brother)的理查德·富尔德(Richard Fuld)、Boise Cascade 的威廉·阿吉(Wiliam Agee)。这种行为并不令人惊讶。《哈佛商业评论》(*Harvard Business Review*)援引了一篇刊登于 2007 年的《商业伦理杂志》(*Journal of Business Ethics*)的文章,"在三十四名受访的董事们中(每人平均都在六家财富 200 强企业的董事会中任职),有三十一人都说,为了提升利润,他们愿意砍掉一片长成的森林,或是排放无人监管的危险毒气。他们认为,只要在合法范围内,只要能最大限度地为股东赚取财富,他们就愿意做,因为这是他们的责任"。

为股东谋利,为个人积聚财富,这样做并不会把人变成恶棍。那么,是什么把一个野心勃勃的领导者变成坏蛋,甚至是罪犯?关键因素往往是不加约束的欲望——牺牲其他所有人的利益来成就自己。罪魁祸首不是名誉,也不是金钱,而是通往名誉和金钱的道路。那么,是什么让领导者们踏上了毁灭之路?这一切都要归因于我们对自己撒的谎。

◎ 对自己撒的谎 ◎

你有没有把办公室的即时贴或荧光笔拿回家过？或是报销一笔其实跟工作无关的费用？再想想，你是否曾经偷偷抽过一支不该抽的烟，喝了过量的酒，或是吃掉一块巧克力蛋糕，破坏了节食计划？我自己也不是圣人，每当我做了一件小错事的时候，我就会快速地找一个方便的借口来为自己开脱。"反正他们给我开的工资不够高"或是"政府已经从我这扣了不少税了"或是"就抽一支万宝路／喝一瓶喜力啤酒／吃一块莎莉蛋糕，又死不了人"。

心理学家把这种逻辑称作"认知失调"（cognitive dissonance），这个概念是里昂·费斯廷格（Leon Festinger）于二十世纪五十年代提出的。这是一个极为强大有力的心理现象，它在偏见、扭曲、自我开脱、合理化和自私自利的短视行为的形成中都扮演着首要角色。认知失调意味着我们的心理图式驱使我们继续抱持现有的态度和信念，同时又要避免不和谐（或失调）现象的出现。绝大多数人很愿意维持一个稳定的、积极的自我形象，认为自己是个善良、正派、讲道理的人。我们尊重他人，珍视所有的关系，做决定时会仔细考虑后果。即便遇到了对上述信念的重大挑战，我们还是愿意保持正面的自我形象。当我们遇到一个会破坏这些信念的情境时，认知失调就出现了。失调会让人不舒服，因此人往往会对基本信念做出调整，以便缓解不舒服的感觉，重新找回安心的滋味。大家都知道这种常见的例子：贝蒂打了柏妮思，大人批评她的坏行为时，她辩解道，"都是因为她！是她动了我的娃娃！"

1958 年，贾德森·米尔斯（Judson Mills）在一组六年级学生中进行了

一项著名的"作弊"研究。米尔斯让这组学生参加一场考试,如果不作弊是不可能通过的。考试开始前,米尔斯调查了每个学生对作弊的态度。随后他分发试卷,离开房间,好让学生们在无人监督的情况下做题。但一个隐藏的摄像头记录下了整个考试的过程。有些学生作弊了,有些没有。考试结束后,米尔斯再次调查了每个学生对作弊的态度。毫不奇怪的是,米尔斯发现,作弊的学生对作弊行为的态度变得更加宽容了,而没有作弊的学生对作弊者更加唾弃。这项研究支持这个结论:为了消除认知失调,对自己所做的选择感受变好一点,无论是否作弊,学生们都为自己的行为找到了理由,来维持他们的自我概念(self-concept)。有趣的是,该研究还表明,对某件事最为苛刻无情的反对者,或许正是一度受到过这件事诱惑的人。我们都认识这种人吧,戒了烟的人会对在公共场合点上一根的人发出最严厉的批评。说到把事情合理化,我们都会这样做。

为了解决认知失调,我们会使用三种不同的策略来调和心中的不和谐感。第一,我们可以改变自己的信念("考试作弊是可以的")。然而,人生图式令我们的基本信念和态度很难改变。第二,我们可以改变自己的行为("下次我再也不会作弊了")。虽然像内疚或焦虑这样的强力情绪激励因子能够鼓励我们改变行为,但我们常常会把某种行为或决定引起的内疚或焦虑给压制下去,因为我们可以很轻易地告诉自己,不要那样想。内疚极少能让学习长期持续下去。第三,也是最常见的解决认知失调的方法,就是改变我们对某种行为的感知或记忆("既然人人都在那场考试中作弊,我为什么不做?")。重新解释这个行为,是一个愉快又便捷的对付不和谐感的方法,而且它支持我们自然而然的愿望——认为自己是一个讲道理的好人。

1956年进行的另一项著名研究中,研究人员杰克·布雷姆(Jack Brehm)请一组妇女给一些不同的小家电打分,选出她们认为最想要的两个,然后从中选一个带回家。二十分钟后,布雷姆请大家再次给这些产品打分,不出所料,女士们给选中那台打的分数高于另一台。布雷姆总结说,为了调和决策后的失调感,这些女士扭曲了自己的感知,让自己对这个决定的感觉变得更好一点。无论你是在给家电打分,还是在做一个更加重要的决策,当心理冲突与你自己高度相关、很有意义而且最终会导致非常重大的后果时,认知失调就有可能促使你改变态度。由于领导力正是世界上最与自己高度相关、很有意义而且后果重大的事情之一,所以认知失调常常会影响领导者的决策、思考过程、道德与伦理行为,并最终会影响她或他实现野心、追求成功的方式。

◎　防御机制　◎

由于人类是不完美的,我们的头脑早已创造出一大套防御机制和偏见来处理认知失调,其中包括自我辩白、合理化、自利偏差①等。我们能看出别人做出这些行为,可轮到自己,就没那么容易看清楚了。设想一家公司的高层管理人员正在宣布好或坏的季度经营成果:

● 繁荣的市场在这个季度挽救了公司。

● 这个季度的结果很糟糕,都是因为市场低迷。

你从没听说过第一种说法吧,领导者承认经营状况好,是因为市场的力量,而不是他们自己有本事。另一方面,你常常能听到第二种说法,领导者把糟糕的经营状况归咎于市场,而不是他们自己。这种自利偏差在商界

---

① self-serving bias,也译作自我服务偏见。——译者注

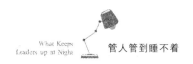

中极为常见,领导者把成功都归功给自己(自我提高偏见),却拒绝为失败承担任何责任。和自我辩白、合理化一样,自利偏差保护我们的自尊心,让我们认为自己有价值,也帮助我们解决认知失调。

为何我们不愿承认失败?为何我们不愿承担全部责任?当我们的大脑无法把一件事或某个情境同化或调适成整洁美好的状态时,特别是遇见某种激起认知失调的事件之后(比如失败,它总是会引起认知失调),有些人会用尽一切方法来改变思维,产生偏见,好让自己好过一点。绝大多数人都会在小事上这样做,为小小的犯规寻找合理的借口,比如过马路时闯红灯,"路口又没车嘛"。可是,有些人在大事上也这样,比如为一个极糟的商业决策或严重的道德错误寻找理由,"我只是在执行董事会教给我的工作——赚大钱"。

我们会自然而然地运用内部和外部的自我辩白进行防御,免得头脑受到失调的困扰。在内部辩白中,决策者向自己作解释、找借口("我之所以偷那包口香糖,是因为这家店定价太贵了,而且还不打折");在外部辩白中,此人想在他人面前表现出自己是有理性的,希望保全自己的面子("你说的对,我的确忘了付这包口香糖的钱,但现在回去太迟了")。在第一个例子中,你向自己道歉;在第二个例子中,你向同伴道歉。两个案例中,决策者都不肯为错误行为承担责任。"这不是我的错",或者"都是因为她","人人都这么做","这没什么大不了的。"

自我辩白中常常含有合理化的成分,为了让某个行为更容易与我们的自我形象、信念、价值观和意见相符,我们会为它寻找一个"符合逻辑"的解释。合理化的对象可以是自己,也可以是他人,把我们自己或同伴顺手牵羊的行为扭转成一个非常符合理性的事情。除了替行为找借口之外,我们还会为情绪、信念和价值观找理由,向自己或他人进行一番合理的解释。我们宁愿不惜代价,也要让自己和亲近的人显得高尚善良。"简和我或许是犯了点小错,可在内心深处,我们都是一等一的好人呀。"

这些防御机制就像吃饭、睡觉和呼吸一样自然,我们调整对自身行为的感知,好让它与积极的自我形象相符,借此让我们与自身和谐相处。自我辩白或合理化的水平越高,我们就越不容易受到认知失调的困扰。有些人会竭尽全力地为自己的想法和行为找借口。我的同事本给我讲了一个例子,他最近在为一名领导者保罗做360度测评和后续的教练指导。保罗之所以来做咨询,是因为他的手下开始"造反"了。本把肇因称作是"个性问题"。360度测评做完后,事情水落石出了:保罗的直接下属、同侪,甚至还有他的上司,都说他"难以相处"、"没有爱心"、"傲慢自大"、"领导能力低下"、"是个糟糕的决策者"。本很有技巧地把这些反馈告诉了保罗。后来本对我说,"保罗只是板着脸坐在那边,除了有一丝丝冷笑之外,面无表情"。随着教练进程往前推进,本发现,这位客户对他所说的话一点都没听进去。当他加大力度,敦促保罗对这些反馈意见做出反应的时候,保罗滔滔不绝地解释了一大套:都是因为那些人有缺点,他才这样做的;属下都是些傻瓜,不理解他那杰出的(或许有点严厉的)领导风格。总结起来就是,"我是对的,他们错了"。他的自我辩白与合理化的本事实在是太顽固了,以至于他一点也没有改变自己的行为。没过多久,他就换了一份新工作,以及一个新教练。

无论有些领导者做出的行为和决策多么糟糕,多么不符合道德,或是多么放肆地滥用权力,他们都不会改变自己的行为。相反,他们会不惜一切代价来保住他们对自己的正面印象。虽然我们对自己和他人讲的那些谎言(从小小的善意谎言到弥天大谎)反映出人的天性,但是,当它们身披近视型图式的外衣时,可能会造成极大的伤害。看看不停说着"我、我、我"的尼克松,还有固执地为少数利益相关者服务的阿尔·邓拉普。相比之下,像屋大维那样持有全景型图式的领导者,孜孜以求的是"我们"的福祉,

而不是单纯的"我"。这样的领导者心中就像有一根控制杆,约束住了权力滥用,也避免为组织带来莫大的伤害。

全景型成功

"如果说我比别人看得远,那是因为我站在了巨人的肩膀上。"

——伊萨克·牛顿(Isaac Newton)

抱有全景型成功观的领导者并不是一点私心都没有,但他们会把自己的成功放在大局中考虑。如果"我们"没有成功,那么"我"也没有成功。

研究人员哈罗德·哈伦(Harold Harung)和同事们发现,与表现不佳的领导者相比,第一流的领导者展现出如下特质:更为整合的脑电活动、更为成熟的道德理性,以及更为频繁的高峰体验。为了支持这项发现,他们援引了琼·马克斯(Joan Marques)2006 年发表在《管理服务》(*Management Service*)杂志上的、题为"觉醒:果决领导力的技巧"的文章:"一位觉醒的领导者在任何方面都能维持高度的警醒与觉知。"马克斯认为,第一流或是"觉醒"的领导者对自己的动力和动机有着深刻的理解,也非常清楚它们与组织各个方面——从工作任务到人,再到整个组织文化——的联系和造成的影响。

至于心理发展,哈伦和同事们强调了成年人自我发展的俗例期(conventional stage,占当今 80％ 的成年人口比例)与超俗例期(post conventional stage,占当今 10％ 的成年人口比例)之间的区别(余下的 10％ 处于前俗例期/发展受阻的阶段)。这个成年人发展理论描述了我们的现有图式如何随着时间进化(或不曾进化),如何对世界、他人以及我们自己形成日趋复杂的感知。根据心理学家苏珊娜·库克-格鲁特(Susanne

Cook-Greuter)的看法,每一个发展阶段都来自以下三者的结合:行为(处理事情、需求和目的、意义)、存在(觉知、体验、情感)和思考(构想、知识、诠释);而每一个新阶段都涵盖了原先的旧阶段。随着年龄逐渐增长,我们的大脑获取并整合的信息越来越多,在绝大多数情况下,这会提升我们的心理觉察意识。从俗例期发展到超俗例期,人的觉知越来越强,对于这一点,哈伦用了一句一针见血的话来形容:领导者"从高效率(正确地做事)变到了高效能(做正确的事)"。

随着阅历渐长,最优秀的领导者的成功观从近视型(俗例期)进化到全景型(超俗例期)。研究人员戴维·鲁克(David Rooke)和威廉·托伯特(William Torbert)对此做出了一项划时代的研究,结果发表在 2005 年的《哈佛商业评论》上。鲁克和托伯特用了二十五年时间来调研数千名领导者的成就,这些人来自美国与欧洲,身处形形色色的行业。两人指出了七种领导类型,它们与成人的发展阶段有松散的联系。他们发现,"当领导者的权力或安全感遭遇挑战时,他们诠释环境与反应的方式差异很大"。他们发现,达到一个更高级、更全面的发展阶段的领导者(与成年人发展的超俗例期松散相关),"表现出持续的创新能力,并成功地带领组织转型"。研究者们还发现,只有相当少的一部分领导者真正到达了这个阶段,因为拥有较高的自我觉知水平需要人付出艰巨的努力,也要冒很大的风险。

为什么拥有全景型成功观的领导者如此之少？部分原因是,每一名领导者都必须面对大量错综复杂的事情和头绪,内在与外在皆有。正在龙卷风眼里奋战的时候,你是很难后退一步,看清自己、利益相关者和身边情境的。为了保住职位,你必须做出很多保护自己的行为,除此之外,你还必须照顾到员工、组织文化、客户、股东、董事会、社区,甚至整个地球的最佳利益。众口难调,在许多情况下,你的决策让这个人满意了,可另一个又失望了。为所有这些棘手的决策找到理由和借口,你的心里会相对安宁一点。

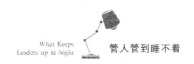

合理化做得太少,你会疯掉;做得太多,其他人会疯掉。欢迎来到走钢丝般的领导力的世界!

想要走在钢丝上不掉下来,你得需要高超的平衡本领,而高超的平衡本领依靠的是为自己的行为负责,承担起个人责任和社会责任。

承担责任

"如果你朝着那个应该为你的绝大多数麻烦负责的人猛踢一脚,那你大概痛得一个月都没法沾椅子了。"

——西奥多・罗斯福(Theodore Roosevelt)

1973 年,雷・安德森(Ray Anderson)创立了一家公司,这就是后来的 Interface。这家公司面向商务、工厂和家庭,专门生产模块化的地毯。它采用传统的行业模式,通过并购和成长迅速地发展起来。1994 年,一个变化发生了。当时,安德森正在为一个会议演讲做准备,他在保罗・霍肯(Paul Hawken)的《商业生态学》(*The Ecology of Commerce*)中找到了灵感。霍肯谴责商业与工业破坏了生物圈,还建议说,唯有这些破坏者才拥有足够的力量,能把人类从灭绝的终局中挽救出来。霍肯的主张对安德森产生了如此之大的影响,以至于次日他就把这些观点放进了演讲中,他向自己和公司提出了一个挑战:树立可持续发展的战略,创造一个崭新的、后工业化的商业模式。安德森说到做到。他采用了一个"模仿大自然的周期模式",在这个模式下,Interface 只使用地球上可以自然而快速再生的资源。安德森宣布了全新的座右铭:"零索取,零伤害。"他变成了一个环保斗士。

自创立那天起,Interface 逐渐成长为一个价值数十亿美元的企业,运营范围涵盖四个大陆,产品销往一百一十个国家。身为可持续发展事业中的主力军,这家企业赢得了多方赞誉,《财富》(*Fortune*)杂志评选它为"美国最受尊敬的公司"、"百家最佳雇主之一"。雷·安德森于 2011 年过世，为世人留下了一份永恒的遗产———一个更好的企业和一个更好的世界。他的转变证明，领导者可以成功地把近视型的商业手段进化成全景型的，大大拓宽成功的定义。我们来看看这家公司的愿景和使命宣言：

愿景。2020 年之前，我们将成为首家向整个工业界全维度地展示可持续发展的公司。全维度的含义是：人员、流程、产品、地域、利润。通过发挥自身的影响力，我们帮助世界恢复生机。

使命。通过对人员、流程、产品、地域、利润五方面的承诺，Interface 将成为全世界商业与组织机构中的翘楚。我们将尽最大努力，创造这样的一个组织：每一名成员都能得到无条件的尊重与持续的学习和成长机会。我们将全心全意关注产品（包括服务），不断改进流程质量与工程质量。同时，我们将一如既往地密切专注客户需求，为顾客提供卓越价值，借此令每一名利益相关者都感到满意。我们将尊重经营所在地的利益，努力成为工业生态学的领军人物，成为一家珍爱自然、保护环境的企业。Interface 将以身作则，用结果说话（包括盈利），让世界变得更美好；我们还将发挥自身的影响力，帮助世界恢复生机。

安德森的全景型领导力让员工、股东和都取得了成功，同时也赢得了利润，还保护了环境。他像是一个妥帖的管家，尽职尽责地为组织服务。事实上，我们应该使用"管家力"这个词儿，来描述全景型的领导力。

福斯特商学院（Foster School of Business）的莫拉·埃尔南德斯（Morela Hernandez）是这样解释"管家力"的：

这种态度和行为把群体的长远最佳利益置于满足私欲的个人目标之上。领导者为组织的行为负责，为全体利益相关者谋福利。追求平衡是个人责任中的重要部分；在谋求共同福利的过程中，组织的领导者需要在组织内外的利

益相关者之间求得平衡，同时还要遵从社会的和普适的道德规范。

请注意上文中对"平衡"的强调。在本书中提到的这么多领导力特质和问题中，"平衡"这个概念都在发挥作用。责任感也标志着最高效的领导力风格。此处提到的"责任"有两层含义：第一层指的是内在的、为所有利益相关者谋福利的义务感。一位平衡的领导者明白，自己需要娴熟地抛接许多球，在自己的成功与服务对象的成功之间求得平衡。第二层含义指的是外在的结果，比如这些球抛得好不好。以两句话为例，第一层意思就是"我要为这个群体的福祉负责"，第二层意思就是"我会为我的行为产生的后果负责"。这两层意思合在一起，犹如把两种金属熔炼在一起，形成的合金比原先的任何一种都更为坚固。假设一位名叫贝瑟妮的年轻女性接受了带领团队的工作任务，她必须这样做：

● 由于她自身的需求、团队的需求和组织的需求是不断变化的，为了娴熟地做出反应，她必须扩充自己对团队动态和社会动态的理解，并提高自我觉察能力。

● 人都会很自然地尽力保护自己的自尊心，但她必须克服这种心理过程。她需要尽量减少常见的自我辩护、合理化以及其他形式的自我保护的想法。

● 在自己的情绪和想法与团队成员的情绪和想法之间求得平衡，并通过这种手段，获得新的思路和解决问题的办法。

● 自己的决定和行为有可能得到积极正面的结果，也有可能得到消极负面的结果，甚至还会引发意料之外的后果，她必须要接受这一切。

● 学会着眼全局，考虑到所有利益相关方的需求。当情势所需，不得不做出不招人喜欢的决策时，也要下定决心。

● 培养一个重视责任感（包括上述两层含义）的团队文化。

● 自己和团队成员都要做到为结果负责，建立问责制度。

当贝瑟妮为自己的行为和决策负起责任之后，她会发现，她用不着经常求助于那些"对自己撒的谎"了。事实上,增强了的自我觉察能力会帮助她建立起一个更为准确的自我形象。承担起自己的责任,这个承诺会让她既能做对的事,也能把事情做对。当她真正承担起工作职责,并为结果负责时,她就会更加愿意接受这个事实:她和团队需要为他们所有的行为和选择负起责任来。

◎ 击破谎言 ◎

如果你希望从近视型的成功法则和领导力转变为全景型的,那么你拿出极强的意志力,坚定地对抗那些我们讲给自己听的谎言。其中有些其实并不坏,并不碍事,尤其是那些能够激励我们做出全景型的明智决策的"小小的善意谎言"。然而,有一些谎言却妨碍我们用正确的方式做事。

这不是件容易的事。我们绝大多数人终其一生都在无视自己的想法、信念、印象和行为的负面后果,借此来维护自己的自我形象。我们为自己造了一个保护茧,我们在里头待得如此惬意,以至于无法轻易地踏出一步,看看更大的世界。为了更加真实客观地看问题,你需要寻找线索,看看哪些被你用来保护自己的信念,或行为对你的害处远大于好处。你也需要这样问问自己:"我为什么会那样做?"

◎ 潜藏的动机 ◎

我们对自己讲的那些谎言喜欢隐藏在头脑的黑暗角落里,明亮的觉知之光想要照到它们还颇为不易。邀请一些你信得过的人来帮你,往往会有

所助益。这些了解你的人应该来自不同的地方,你的同事、直接下属、上司、家庭成员、配偶或恋人、朋友、私人教练或者是心理医生。告诉对方,你希望得到彻底诚实的答案。然后,你问出这个简单的问题:"你认为我的人生动机是什么?"

有一点如何强调也不为过:一定要让他们知道,你需要彻头彻尾的坦诚。记下他们的回答时,要注意你们之间关系的背景。你母亲对你的看法肯定跟老同事的不一样。但这一点也是真的:对方的答案会受到他的自我保护性质的偏见、失真和合理化的影响。无论你喜不喜欢他的回答,印象和纯粹的现实一样,都能影响人。如果某人认为你是个控制狂,你必须要面对这个印象,哪怕你明知这个描述并不准确。显得不得体,跟真的不得体一样糟糕。你要抑制住为自己辩护的自然冲动。

本着"医生医好你自己"的精神,我把我自己做这个练习的情况来个大公开。做练习之前,我把我自己认为的人生动机列了出来:

- 广泛地影响他人和这个世界。

- 帮助人们了解自身。

- 赢得做这些事的信誉。

- 充满激情,全身心投入生活。

我深信,这四个动机充分解释了我所做的工作,以及我主动迎接的职业与个人生活的挑战。然而,当我向信任的顾问团(朋友、家人、同事、雇员、听过我的专业演讲的人)提出这个动机问题的时候,我得到的反馈既有符合预想的,也有意料之外的:

妮可的动机
- 为了追求成功而追求成功。

- 寻找刺激。

- 通过提供有创意的解决方案,帮助人们解决问题。

- 担心自己会自满或停滞不前。

- 喜欢让自己忙忙碌碌。

- 喜欢制造戏剧化的事件,吸引他人的注意力。

- 与他人建立联结并帮助他们。

- 需要那种不断努力并取得成就的感觉。

- 帮助人们超越真实的或想象出来的局限。

- 把人们联合起来。

- 喜欢控制。

- 追求权力。

- 爱喝咖啡。

- 追求认可。

- 喜欢影响别人,喜欢其中的快乐。

- 出于对专业主义的尊敬。

- 渴望得到他人的爱和尊敬。

- 以追求成功的野心来纪念逝去的父母。

所有的积极评价让我心里十分宽慰,可我一下子真的很难接受那些并不完全符合我的自我印象的回答。我是控制狂?才不是。为了追求忙碌而忙碌?不可能。一个因儿时失去双亲而奋斗的女人?我不觉得。作秀女王?省省吧。然而,我越是细想,就越能理解为什么身边的人会对我产生这种印象。我发誓要密切觉察自己的行为,减少那些以"我、我、我"为中心的行为(近视型),多做那些围绕着"你和我们"的事(全景型)。

无论你认为自己的人生动机是什么,无论它们与他人的坦诚意见有多么吻合或多么不同,你都应该拿出点时间来思考它们,同时对自己的思维方式和行为方式做出调整。身为榜样(你肯定有领导他人的时候),你的行

为会向周围的人们发出讯号,反映出你和组织鼓励和尊敬的行为是什么样的。如果你成长了,你带领的人们也会成长。

◎ 把认知失调当作工具 ◎

认知失调是一个相当不错的工具,它能够提醒人做出心理上的调整。当你选择积极的内省,思考自己有意或无意中对现实的扭曲方式时,你就朝着提升觉知能力迈出了关键的第一步。总是先有自我觉知,随后才会有思维和行动上的实质转变。你有没有发现自己做过以下这些事?比如解释自己的行为,为之辩护;为自己的行为找借口;把行为的负面后果合理化;找理由;指责他人;对自己或他人说一些逃避责任的话。

"是啊,可是我……"

"这不是我的错……"

"我没法控制这事……"

"它无论如何都会发生的……"

"只此一回,下不为例……"

"我以前都是这么做的……"

"都是她害得我……"

"我不能那么干……"

"我看见别人也这么干……"

当你察觉自己的防卫心理渐渐增强时,暂停一分钟,认真听听自己说出的话。你能换个方式来讨论问题吗?把原先的"我、我、我"换成"咱们"?

"咱们来看看,能不能找出哪里出了错……"

"是时候停止相互指责了，让咱们回到正轨吧……"

"既然咱们遇上了这个问题，就想办法一步步解决它……"

"咱们需要从这件事中学到……"

"咱们可以做得更好……"

一旦你察觉自己在失败后做出了自我辩护的行为，试试下面的这个简单的练习，让自己从更全景的角度看问题：

第一步：挑战你的前提假设。试着去质疑而不是证明你的假想。确认偏误会让你极难做到这一点，去跟你信赖的顾问谈谈你的决策，请他们为你指出可能存在的障碍，并提出替代方案。

第二步：想一想，这个决策会对所有的利益相关者有何影响，其中包括你的员工、组织文化、客户、社区、环境和股东。

第三步：从受这个决策影响最大的人那里获得反馈。再强调一次，听取反馈的时候，忍住冲动，不要辩解。记住那句老话，"人有两只耳朵，但只有一张嘴，所以请多听，少说"。

我再提最后一条建议。永远也不要羞于说出这句话："我错了。"领导者都讨厌承认自己失败，可是，坦承自己的错误会让人们更加尊敬你——这比世上所有的理由和辩解加起来都有用。

◎ 本章小结 ◎

想象一下，你已经到了退休年龄，打算明年就解甲归田。你会留下些什么呢？或者说，假如你的职业生涯会在十五分钟后突然结束。你留在人们心中的形象是什么？是尤里乌斯·凯撒、阿尔·邓拉普这一型呢，还是

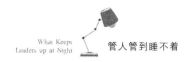

屋大维或雷·安德森这一型？

　　无论你是哪一型，你的足迹都会留在追求成功的道路上。一切都源自你做出的选择。你是任由无情的内外部力量、人生图式、防御心理以及财务、政治和社会方面的压力推着你走上近视型的自我实现之路(或许是自我毁灭之路)呢？还是你来驾驭这些力量，着眼大局，为所有人谋福利？

What Keeps
Leaders up at Night

第六章

为何人们不肯改变？

在柯达一百三十一年的历史中,它的品牌和产品已经融入了人们的生活和语言,比如,被胶片记录下来的、值得纪念的一刻叫做"柯达一刻"。这个工业巨头完全统治了整个行业,柯达屡次被评为美国最有价值的品牌,占据了全美90％的胶卷市场、85％的相机市场。早在1917年,这家公司就曾放出豪言,"若非柯达,就不算相机"。

1975年,柯达的研究人员就研制出了世界上第一批数码相机,这项成就本可以帮助公司坐稳宝座,在数码照片的新时代里继续统治下去。当年,柯达的高级经理人拉里·马特森(Larry Matteson)在1979年撰写了一份详细的报告,他指出,数码摄影技术会被政府率先应用于侦测,随后会渐渐进入专业摄影领域,最终于2010年进入大众市场。他的报告的确很有预见性。然而,尽管柯达拥有雄厚的技术力量、充足的资源以及无可匹敌的成功历史,它的主要竞争对手索尼(Sony)却抓住了机会,在二十世纪八十年代早期推出了自己的数码相机。伊士曼·柯达差不多花了二十年时间才正式进军数码市场,尽管它的EasyShare产品线取得了一些小小的成

功,但市场机会已经呼啸而过。新一代数码摄影技术与高清晰度的手机镜头出现了,给予了柯达致命的一击。

基吉·斯威考斯基博士(Dr. Ziggy Switkowski)于 1978 年到 1996 年间在柯达公司工作,1992 到 1996 年间,他担任柯达澳洲分公司的董事会主席兼 CEO。2012 年 1 月 6 日,他在接受《澳大利亚人》(*The Australian*)的采访时总结了自己的感想:"柯达最大的失败就是没能看到高利润的化学成像业务即将走到尽头。公司的领导者都看不见真实的趋势,而公司的战略是从一个即将灭绝的业务中挣得最多利润。"他继续说,"在老业务终将衰落的时候,要做出进入新领域的决策,这实在是太难了。可是,如果你的公司处于这种位置,为了生存,你必须适应。"

2012 年 1 月,柯达申请破产。为何业界巨子竟变得胆小如鼠,盲目地拒绝变化,看不到未来呢?

一个主要的原因是,柯达的领导者们无法放弃这种心态——"我们一向是这样做事的"。养成习惯,并坚持习惯,这是深深根植于人类心中的天性。无论这个习惯是好还是坏,人都会依照它生活下去,因为它们提供了一个温暖舒适的保护茧。纵然改变的理由很有说服力,我们也会轻易地转过身去,不去理它——无论这理由是"危害健康",比如吃垃圾食品或抽烟;还是"影响业务",比如市场出现了变化,或是利润正在下滑。在《变革免疫力》(*Immunity to Change*)一书中,两位作者罗伯特·基根(Robert Kegan)和莉萨·莱希(Lisa Lahey)列出了人们普遍拒绝改变、不愿尝试新思路或新方法的根本原因。他们指出,改变如此困难,原因就在于我们会随着时间渐渐养成习惯。自从童年起,我们就会放弃那些不适合自己的习惯,同时牢牢地抓住那些让我们感到舒适或安全的习惯。这些习惯顽固得很,即便是最强有力的攻击,它们也能经受得住。

一旦涉及改变,无论改变的对象是什么,信念也好,偏见也罢,或者是发型、朋友,基本的心理规律和大脑运作就会跳出来干扰你的批判思维和决策过程。

这是因为:

● 我们极少会欣然地迎接改变。

● 大脑的预设状态就是让我们按照习惯,做出常规的行为和决策。

● 我们任由心理偏见来影响我们对待改变的反应,也影响我们做出导致改变的决策的能力。

幸运的是,你可以通过改变思维方式和扭转偏见来更从容地面对改变。当然,就像 Kegan 指出的,有些习惯就像脚上的旧拖鞋般亲切又舒适,要改变它们可没那么容易。正如我们在本书中谈到的所有话题一样,提高自我觉知能力,了解哪些因素能促使你和他人做出改变,当你需要挑战自我和他人、做出重要改变时,这些都会助你一臂之力。

◎ 抗拒改变 ◎

2005 年 5 月 1 日的《快公司》(*Fast Company*)杂志上,艾伦·多伊奇曼(Alan Deutschman)发表了一篇非常有趣的文章,"改变,还是死去"。文章讲的是 IBM 的全球创新大会,在这个会议上,一流的思想家们针对重大问题提出解决方案。多伊奇曼着重提到了约翰·霍普金斯大学(John Hopkins University)医学院院长兼医院 CEO 爱德华·米勒(Edward Miller)博士。提到医疗领域里的重大问题时,米勒博士谈到了一些严重心脏病的患者,这种疾病可能会致命,医生一般都会给他们做心脏搭桥手术。在美国,每年大约有六十万患者接受这种手术,另外还有一百三十万人接

受血管成形术,疏通阻塞的动脉。

米勒博士说,那些做了冠状动脉搭桥手术的患者,有半数在过不了几年之后会再次遭遇动脉阻塞。做了血管成形术的人,他们的血管也会在几个月之内重新遇堵。这两种情况都需要进一步手术,这个概率可不小。其实,患者本可以采用更健康的生活方式,来降低再次发病的概率。持续的研究表明,在做过冠状动脉搭桥手术的患者中,尽管生命受到了威胁,但有百分之九十的人都没有改变自己的生活方式。看起来,改变好像比死更可怕。对于其他一些个人习惯来说,也是一样,抽烟、糟糕的饮食、久坐、不系安全带、开车的时候发短信。即便是面对生死问题,绝大多数人还是不肯改变。所以,领导者们何必要改掉糟糕的公司习惯呢?

不肯改变的企业还有很多,不止柯达一个。比如说 Blockbuster Video。2010 年 9 月 23 日,通过实体店提供家庭影碟和电子游戏租赁服务的 Blockbuster 申请破产。在这家公司的黄金时代,顾客们都认识它那个硕大的、黄蓝相间的标识,都知道自己会得到可靠又开心的购物体验。可 Netflix 出现了。等到 Blockbuster 在 2004 年推出了在线 DVD 租赁服务,来应对这个威胁的时候,它的一只脚已经迈进了坟墓。

为什么个人、团队和整个组织文化都抵制和躲避改变?为什么人们宁肯冒着致命的风险也要拖延改变的进程?为什么人们不愿意改变原先的做事方式?原因有很多,有害而怠惰的组织文化、只看重短期利益的决策思路、缺乏信息、财务方面的担忧、无视市场需求,等等。组织就像一切有生命的有机体一样,有它独特的性格,也是一个复杂的体系。尽管有些改变做起来挺容易的,可你会发现有一些东西改起来非常困难,这是因为某些根植于内心的心理因素和神经学因素导致了抗拒、躲避或拖延——即便改变的理由无比合理,人们也还是不愿意。在许多情况下,无论改变是多么必要,人们还是会自然而然地拼命抗拒。

◎ 坏脾气的老家伙和体操运动员 ◎

一想到改变,人的心里就不舒服。这种难受的感觉来自两个重要的脑区:基底神经节(坏脾气的老家伙)和前额皮质(体操运动员)。基底神经节让我们在穿鞋之前先套上袜子,不必多想就能沿着惯常的路线开车去上班,听到冰淇淋售货车播放的音乐就竖起耳朵。这是个祝福,也是个诅咒。同是这个系统,会让你明明答允了朋友下班要先去他家走一遭,却还是想都没想地直接把车开回了家。这个区域里存放着我们根深蒂固的记忆(它们会通过认知偏误来折磨我们)、日常活动所需的事实和信息(这些会把我们束缚在习惯里)、传统做法(令我们顽固地拒绝改变),还有定了型的常规做法(这会妨碍我们做出巅峰表现)。

这个坏脾气的老家伙住在我们的前脑中,就在皮质层和脑干之间,它既能连接到大脑参与决策的认知区域,也能连接到控制运动的那个部分。换言之,基底神经节把想法和行动连接起来。学习一个很简单的东西,比如系鞋带,也要耗费大量的脑力,但是一旦你学会之后,消耗的脑力就很少了。

形成这样的习惯,需要基底神经节一个特殊部分的参与,这个部分叫做纹状体,来自其他脑区的信息汇集在这里,多巴胺水平也比较高。当我们掌握了某种常规动作之后,多巴胺就会用一种愉悦感(或是免除痛苦)来奖励我们,帮助我们坚持这个习惯。

与此形成对比的是前额皮质,这是前脑一个高度活跃的部分,角色如同大脑里的队长,各种各样的头脑体操动作都做得来。它存储我们的短期记忆,掌控着复杂的、认知层面的思维和行为,比如抽象思维、短期或长期的决策、在对与错这样的冲突想法之间调停仲裁、表达个性、拟定计划和战

略、预测结果、节制社会行为。由于前额皮质能帮助我们集中精力，它也在注意力和学习过程中扮演一定的角色。你可以把它想象成一个控制中心，接收数据、处理数据、根据我们的内在目标做出行动决策。毫不奇怪的是，这部分脑区需要大量清醒的心智能量，这可是个累活儿。

前额皮质还跟杏仁核连在一起，杏仁核是边缘脑区的一部分，是大脑的情绪中心。它主导我们的情绪和记忆，也负责恐惧回路，而这个回路有助于大脑产生"是战还是逃"的反应（参见第三章）。

大脑分析技术已经证明，改变会激活前额皮质。然而，分析也显示，由于大脑负责思考的区域与情绪区域相关，所以陌生信息的攻击会让情绪区域感到不舒服。单是想到改变，就会引起一阵情绪风暴（强烈的恐惧、愤怒、抑郁、疲劳、焦虑），令我们想要奋起搏斗，捍卫舒适的现状。正如我们在第三章中看到的，恐惧反应会让人做出冲动而短视的决策，阻止我们实现巅峰绩效。

◎ 让人抗拒改变的认知障碍 ◎

1992 年，人们没有一天看不见美国在线的广告的，试用软盘出现在邮箱里，夹带在杂志里，还摆在当地杂货店的柜台上。互联网大战的早期犹如狂野西部的战场，竞争极为激烈，各路人马都争相把大众拉到网上。诸如 Prodigy, Genie and CompuServe 这些网络服务提供商都扛不住美国在线那声势浩大又昂贵的广告攻势，纷纷落败。美国在线那革命性的图形用户界面（GUI）与"围墙花园"式（将信息封闭在美国在线之内，成为独立的一块领地）的做法令上网变得十分简便，就算是对技术一窍不通的用户也会用。突然之间，人人都能上网了，新泽西贝永（Bayonne）的家庭主妇可以查到勃艮第红酒炖牛肉的菜谱,帕罗奥图(Palo Alto)的经济学家可以查到特兰西瓦尼亚(Transylvania)的国民生产总值。

随着美国在线逐步开通了聊天室和即时通讯,这家公司牢牢坐稳了行业的头把交椅,成了互联网服务的黄金标准。1993 年,网景公司(Netscape)加入竞争,推出了第一款简单易用的网络浏览器 Mosaic。两年后,微软推出了自己的 IE。"浏览器大战"打响了。虽然美国在线不大情愿进入这个新战场,但 1997 年,它宣布的订阅用户人数还是吓了人一大跳:三百六十万人。1998—1999 年,美国在线的股票增长了 600%,到了 2002年,市值两千亿美元的美国在线拥有了三千四百万用户。

网络用户渐渐地把上网融入了日常生活,浏览器和网站也做得越来越精致,界面越来越友好。人们开始琢磨,既然可以通过多种渠道登录万维网,获得相同的资讯,为什么还需要美国在线的封闭花园模式呢? 在技术控和普通用户眼中,美国在线已经变成了一个笑话,"带辅助轮的网络","这家公司会送你免费杯垫"。

不管怎样,美国在线继续踏踏实实地坚持自己的商业模式——昂贵而大范围的营销,加上简化了的用户体验,消费者要付费才能享受这些服务,可他们在别的地方不花钱就能得到同样的东西。随着网络世界日趋繁荣,美国在线的阵地稳步缩水。到了 2006 年,它的会员人数已经减少了一半,公司价值缩减了 90%。到我写这本书的时候,美国在线的服务已经基本免费,变成了一个有些独家内容的线上新闻聚合器。付费用户人数减少到了四百万。这些忠诚的用户之所以没有放手,大概纯粹是因为他们自己不愿意改变。在 2011 年的一期《纽约客》(*The New Yorker*)上,一位曾在美国在线任职的经理人半开玩笑地说道,"它的暗黑小秘密是,订购了美国在线拨号上网服务的人中,有 75% 都不需要它"。

美国在线也曾经欢迎过变革。1998 年它买下了网景,这是当年最火爆

的浏览器;2000年它又与时代华纳(Time Warner)合并。这家公司显然有潜力成为网络服务提供商的领头羊。可是,它抓着过气的模式不放,在无上的风光之后是急速的衰落。许多功能更为强大的浏览器超越了网景,美国在线和时代华纳的联姻最后以苦涩的分手而告终,两家公司都损失了声誉,也损失了价值。

一家一直领先的互联网巨头,为什么不愿意突破自身,尝试新做法,即便是形势已经非常明朗了? 唯有变革才能拯救这家公司,可它依然不愿意求新求变,这是为什么?

显然,美国在线的领导者们没能抓住改变的机会,即便他们本该看到它的到来。这样做的绝非他们一家。无论你已经多么清楚地看到了征兆,你也会轻易地屈服于心理偏见的强大威力,这些偏见会蒙住你的眼睛,让你看不到改变的需要。有许多认知偏误会束缚我们的手脚,但有些时候,只是因为一个简单的原因——精神上的疲惫。

◎ 心神疲惫 ◎

崭新而陌生的行为习惯和选择会挑战固有习惯的舒适区。当你做出改变时,就在逼迫自己走出那个舒适区。这会消耗大量精力,会让你筋疲力尽。就像艰苦的锻炼过后,你的肌肉会累到没力气一样,你的心智"肌肉"也会累到无法全速运转,妨碍了你关爱他人、作出决定、维持动力、衡量决策、最终付诸行动。心理学家称之为"自我损耗"(ego depletion),在这种心理状态之下,你会失去自控所需的关键要素,也无法进行其他一切需要你专心致志、清醒思考的心理活动。就像我们在第一章中看到的,长期的自我损耗会让你"忙到无暇顾及大局"。

1998 年，研究人员罗伊·鲍迈斯特(Roy Baumeister)和同事们对这个现象进行了研究。实验的参与者以为自己参加的是一个味觉测试。受试者被分成了三组：萝卜组、巧克力组和什么都不吃组(对照组)。研究人员请大家不要吃饭，饿着肚子来参加测试。当萝卜组和巧克力组的成员来到现场的时候，他们闻到了新鲜出炉的巧克力曲奇的香味。面前的桌子上摆着一碗小萝卜、一盘刚烤出来的巧克力曲奇，还有巧克力糖果。萝卜组的成员只能吃两到三个小萝卜，不能吃巧克力。巧克力组的成员可以吃两到三块曲奇，但不能吃萝卜。什么都不吃的那一组没有参加这一项实验。

等小组成员都吃完东西之后，研究者请三个小组的所有成员来拼一个根本拼不出来的立体拼图，大家可以随时放弃这个题目。最先放弃的是谁？是吃萝卜的那一组。巧克力组和没吃东西的那一组坚持的时间更长些，而且都在差不多的时间里放弃了解题。最早放弃的一组，也就是吃萝卜的那一组，他们的疲惫程度比另外两组都高。

从这个实验中我们能得出什么结论？忍住不吃香喷喷的巧克力，这需要的自控力比不吃萝卜大，因此，对于萝卜组来说，忍住诱惑耗费的精力更多。抵抗诱惑消耗了做拼图所需的脑力，让萝卜组早早地放弃了。另一方面，巧克力组和没吃东西的那组人在自控上耗费的精力较少，更容易在解题上多花点时间。

如果忍住不吃饼干就能让你精神疲惫。想想看，在工作中拒绝一个重大变化该是什么样子，何况你每天还要处理那么多事情。如果你是一个勤勉的领导者，工作量还要乘以三。办公室、家里、健身房、网球场、家长会、商务午餐，你做的每一件事和每一个决定都需要你付出心力，而这种付出会稳步地消耗你的心智资源。抱歉啊，亲爱的读者，就算是爱因斯坦，他的心智"油箱"的容量也是有限的。当他每天算啊算的，把油箱用空之后，他的感觉就跟刚结束了一天漫长工作的你一样疲惫。现在，再把改变这回事

考虑进去。当年爱因斯坦离开德国,进入普林斯顿,同时他还在尽力完成那个独特的相对论。这足以令一个成熟的天才哭鼻子了。

这些是坏消息。好消息是什么?习惯形成的时候,你会得到许多快乐多巴胺的奖励,可一旦这些常规行为固定下来之后,多巴胺就没了。而改变会让多巴胺再次喷涌而出,因为改变会在大脑中创造出神经通路,刺激大脑的新区域。想象一下,分叉的闪电从高空直击地面,你采用的新思路和新方法越多,你创造出来的、照亮大脑的闪电就越多。你也为多巴胺受体创造出了新渠道,迎接再次涌出的快乐物质。

这种喷薄而出的好感觉能帮助你坚持改变,在某种程度上还能帮你对抗心理上的疲惫感。在普林斯顿愉快地安置下来之后,爱因斯坦继续辛勤地工作起来,去计算光的速度。在本章末尾,我们要讨论几个通过有创意地打破常规行为来对抗疲惫感的方法。

但是,讨论那些之前,让我们先来看一些没那么明显的、让我们抗拒改变的因素。

◎ 沉没成本 ◎

我们在决策中投入了太多的心理能量,所以,万一某个决策很糟糕,我们是很不愿意承认的。我们甚至会投入更多时间和精力去粉饰它,让它看起来挺像样。还记得第一章中提到的"确认偏误"吗?我们会寻找并关注那些能够支持自己的看法和信念的讯息,这种现象就体现出我们"封闭"的趋势。当我们纠结着,想要避免两种冲突看法造成的不适感时,第五章中提到的认知失调又会跳出来发挥作用。这些头脑小花招让我们对固执的行为视而不见,或是为它寻找借口。还有一种心理偏误让我们更难放弃那些已经投入了大量时间、金钱和资源的人、事或想法。这就是沉没成本。就像人常说的，"赔了夫人又折兵"。

一旦我们作出投资(时间、金钱、情感)，沉没成本就发生了。当你把情感投注到某个行为中时，你已经投资了太多，无法轻易放手。好比说，你在商场里买了一条牛仔裤。可等你回到家，再次试穿的时候，你发现自己一点儿都不喜欢它。你可以回去把它退了，但是你已经付出了时间成本，开车去商场，买裤子，试裤子，然后回到家把它放进衣柜。回去换裤子需要更多投资。所有这些加在一起，或许你也就勉强接受这条裤子了。如果你真的回去换了，那些已经付出的投资也永远收不回来。因此，任何投资都会把我们"绑住"，投资越大，我们被绑得就越紧。

美国在线就在一度成功的战略上投入了太多的金钱、时间和精力，以至于他们就是没法放手。逻辑或许告诉高管们，应该换个思路做事情了，可沉没成本盖过了这条逻辑，制造出组织的惰性。拒绝用有效而正确的方式改变，这又耗费了更多时间和金钱，进一步加强了不愿改变的惰性。这是个悲哀的循环，可是，当领导者们拒绝看见所有的改变讯号时，它就会一而再、再而三地重复上演。协和飞机遇到的就是这种问题，理查德·道金斯(Richard Dawkins)和 T. R. 卡莱尔(T. R. Carlisle)将之称为"协和谬误"。

法国宇航/英国飞机公司(Aerospatiale-BAC)的超音速客机(更广为人知的名字是协和飞机)是由英法两国政府共同出资研发的，这项成就令人叹为观止，可成本也高得惊人。协和飞机漂亮的流线型引人瞩目，迅捷的速度也十分诱人。可是，有一个事实越来越明显——协和飞机永远无法收回两国投入的巨额成本。那么，为何这两国政府还要继续下去？他们甚至往这个项目里投入了更多资金。损失不断加剧，简直就像本书前言中我自己的那个管理失误一样悲哀。终于，2003 年和 2004 年，法航和英航终于下定决心，同意止损。

仔细想想,你自己就能找到类似协和谬误的例子。小到每天生活和工作中发生的事,大到两国宣战,或是公司做出了把自身拖下悬崖的花钱决策。我们之所以会牢牢地抓住现状不放,这正是原因之一。

◎ 维持现状 ◎

如同历史上大批商业领袖一样,美国在线的高级管理人员对现状的热爱如此之深,以至于他们无法做出改变。即便是事实明摆在眼前,唯有改变才能拯救公司,他们也还是没能行动起来,修改战略,而是坐在原地嘟哝着,"咱们还是别惹乱子了",或是"原先的方法让我们登上了巅峰,它也会让我们继续留在峰顶的",或是"咱们先低调行事,躲过这阵风暴再说"。心理学家把这个现象叫做现状偏见(status quo bias)。

根据凯特琳・伯迈斯特(Katrin Burmeister)和克里斯蒂安・谢德(Christian Schade)2007 年的研究结果,人在面临决策时,并不会考虑一切可用的信息,而是倾向于依赖那些能反映现状的信息,或者是依赖那些创造出现状的选择,不管这个选择是他们自己做的还是别人做的。现状偏见包括以下自然倾向:

- 宁愿不采取行动,因为你宁可什么也不做,也不愿犯错误。
- 更愿意坚持现有的常规做法,而不是考虑新方法。
- 更喜欢现状,因为它让人有安全感。

现状偏见会影响重大决策(美国在线),也会影响小小的决定(早饭吃什么)。美国在线紧抓着原有的商业模式不放,而你每天的早饭是一碗加了香蕉片的香草味酸奶。当谷歌横空出世,或是你发现冰箱了除了一个贝果面包外别无他物的时候，想要维持现状的倾向就会引发压力，也会让你不愿意改变原有的习惯。此时，你会很容易关上心门，拒绝潜在的机会。

心理学家把这种决策因素称为"损失规避"（loss aversion）。当你需要做出一个包含改变的决策时（比如辞职或换个新工作，从失败的项目上撤回，适应不断改变的市场状况），你会担心自己有损失（找不到更好的工作，或是新工作可能像一场噩梦；那个项目明天就能重回正轨；市场上的热潮只是昙花一现，没有实质性的改变）。这个决策会不会损伤现有的利益？预想中的收益会不会变成现实？要是押上了全副家当之后却赌输了，那可怎么办？要是我们摔个嘴啃泥，别人会怎么想？这些问题往往会说服我们，不如维持现状算了。

与之相随的是禀赋效应（endowment effect）。1980 年，理查德·塞勒（Richard Thaler）在康奈尔大学（Cornell University）进行了一项深具启发意义的研究，他给班上的半数学生发了咖啡杯，拿到咖啡杯的幸运儿可以把杯子卖给没拿到的同学。结果，卖家把杯子的价格定得过高，买家却把能接受的价位定得过低，以至于很少有成交的。拥有杯子的事实让卖家高估了它的价值，多出来的价格是为了补偿可能存在的损失；而买家不想在一个买了之后可能会后悔的杯子上损失金钱。塞勒把这个现象归结为损失规避。原来，人人都是宁愿维持现状，也不愿意面对损失的可能。如果我们对一个微不足道的咖啡杯都抓着不放，想想吧，要是面对一个真正很有价值的东西，我们抓得该有多牢啊。

讽刺的是，就算公司的决策者做出了大胆的改变，不惜赌上身家，也要扭转方向，但顾客们却依然宁愿维持现状。2011 年 7 月，帕特里克·哈蒙（Patrick Hummen）、约翰·摩根（John Morgan）和菲利普·斯托肯（Phillip Stocken）在一份名为"失败模式"的工作报告中讲述了可口可乐的一个重大市场错误——推出"新可乐"。作者们写道，1985 年，可口可乐的市场正稳

步被对手百事可乐蚕食，可口可乐的时任 CEO 罗伯特·戈伊苏埃塔
(Robert Goizueta)决定做点什么。经过对消费者口味的辛苦调研之后，可
口可乐研发出了一个新配方。"新可乐"将会取代"老可乐"。口味测试表
明，消费者的确更喜欢新可乐偏甜的味道，可是，当新可乐进入市场之后，
消费者们却坚决抵制，竟然到了发起集体诉讼，逼着可口可乐改回原有配
方的地步。七十九天之后，可口可乐公司重新启用老配方，把新产品撤下
了架。如果人们会拼命抵制一款软饮料的口味变化，想想吧，当某个改变
会威胁到生活的时候，他们会作何反应。

　　为了改变而改变基本没有意义，但研究显示，人们倾向于过高地估计
现状的价值，过分依赖现状，而这有可能让人错失重要的机会。问问美国
在线、Blockbuster 和柯达的朋友们就知道了。事实上，行为经济学家已经
证明，当人们需要做出有关个人财务与投资的决策时，也有这种倾向。
1988 年，威廉·塞缪尔森(William Samuelson)和理查德·泽克豪泽
(Richard Zeckhauser)针对哈佛大学和波士顿大学的 486 名选修经济学课
程的学生进行了一系列调查研究。研究者使用了两份有关金融投资的问
卷，两者之间只有一点微小的差异，其中一份带有"维持现状"的选项。学
生们需要考虑的是这个问题："你平时非常关注金融方面的信息，但你没有
余钱投资。后来你从叔公那里继承了一笔钱，金融知识终于可以派上用场
了。你会投给以下的哪一个？高风险企业、较低风险的企业、短期国库券
还是市政债券？"有些问卷上列出了叔公原有的投资选择(即现状)，其余的
没有。结果，那些拿到前一种问卷的学生选择维持现状的概率较高。

　　这种决策行为在不断上演。人们会自然而然地保护自己，做出更加安
全稳妥的选择，保留精力，避开那些可能会带来灾难的风险。这都没问题，
直到你面临这个选择：如果维持现状最终会带来灾难性的后果，你该怎么
办？你该如何看出两者的区别？

◎ 诠释改变 ◎

这全要看你是如何诠释改变的。1993 年，埃里克·约翰逊（Eric Johnson）和同事们描述了一个有趣的现象：为了降低成本，宾夕法尼亚州和新泽西州对汽车保险法规做出了同样的调整。两个州都给司机们提供了一个新选择：你可以交纳较低的保险费用，但条件是万一遇上事故，你只能拥有有限的诉讼权。结果，有一个州的民众接受了，另一个州却没有。原来，区别就在于这两个州的诠释方式不一样。在新泽西州，司机们可以选择完整的诉讼权；在宾夕法尼亚州，司机们可以选择放弃完整的诉讼权。请注意两种说法中的默认值（现状）存在极大差异。绝大多数新泽西司机接受了改变（它维持了他们的现状），而绝大多数宾夕法尼亚司机拒绝接受变化（它违背了他们的现状）。结果是，宾夕法尼亚州在保险与诉讼费用的预期节省金额上，损失了将近两亿美元。

卡恩曼（Kahneman）和特韦尔斯基（Tversky）所做的另一项研究显示，人的行动取决于看待变革的态度。对一项挑战的不同描述方式会引发不同的行为，即便人们面对的是同样的选项。比起面对潜在的获得，损失规避让人们在面对潜在损失时甘愿冒更大的风险（这未必等于更明智的选择）。在商业环境中，这个倾向意味着，如果你想推动一项变革，那就应该把它描述成一个绝佳的机会，这样人们就不大会把它视作潜在的威胁了。

2002 年，哈佛商学院教授克拉克·吉尔伯特（Clark Gilbert）研究了二十世纪九十年代中晚期的报纸行业是如何应对网络威胁的。他发现，那些把网络视作生存威胁的报纸做出的反应是：把大笔的钱投到网络版上，但网络版只是纸质版的简单复制。另外一些把网络视作机会的报社，他们的

反应更具适应性，但讽刺的是，他们极少会把充足的资源拨给网络版。最高效的组织在最初把网络评估为破坏性的威胁，但随后他们把它看作了一个激动人心的、能让业务更具活力的好机会。

总之，当组织遇到了真实的或想象中的威胁时，它就进入了危机模式。就像在林中小路上撞见一头熊的行人一样，恐惧会引发领导者的吓傻/快逃/搏斗模式。这三种模式都会妨碍创新、开放的决策过程和敏捷恰当的行动。

在这个破坏性的改变日趋增多的时代（足以改变游戏规则的技术革新、社交媒体、即时的媒体曝光、全球化等，不胜枚举），改变已从例外变成了常态。消费者今天想要这个，明天又想要那个，两者之间的差别可能会很大。1995 年，约瑟夫·鲍尔（Joseph Bower）和克莱顿·克里斯滕森（Clayton Christensen）在《哈佛商业评论》上发表了一篇非常有趣的文章，名为"破坏型科技：驭浪前行"。两位作者认为，企业之所以常常失败，是因为他们把全副精力都放在满足客户今天的需求上，忘了去开发客户明天想要的东西。作者把技术分为两种，维持现状型和破坏型。维持现状型指的是，企业只会不断升级客户已经拥有和喜爱的东西。"如果你喜欢我们这辆线条流畅的跑车，那你肯定想要这些诱人的新附件。"这种方法短期之内可能会有效，但不会长远。而破坏型技术是克莱顿·克里斯滕森在 1997 年的著作《创新者的窘境》（*The Innovator's Dilemma*）中率先提出的。采用这种技术战略的公司主动追求技术革新，积极开发能把目前占据统治地位的技术和产品完全替代掉的东西。除了印刷机、灯泡和因特网，你还能举出多少例子？

克拉克·吉尔伯特认为，那些把改变视作威胁的组织领导者，会把太多有价值的资源用来为现有产品添加小附件；而那些把改变视作黄金良机的领导者，会把资源用于开发用意念操控的跑车。

　　就像我们在第五章中谈到的，对于心智模式，你必须知道何时该遵从，何时该换掉。如今已经不存在的博得连锁书店(Borders)就是这样，他们遵从原有模式的时间太长了。和巴诺书店(Barnes and Noble)差不多，博得在店面内提供种类繁多的图书，顾客们可以在书架间徜徉，也可以啜饮双份拿铁。在发展早期，博得非常欢迎科技手段，他们设计出了一个功能超卓的库存管理系统，能够优化库存，甚至还能预测全国的读者会买什么。连锁店遍地开花。可是，到了二十世纪九十年代中期，当整个世界都往数字方向走去、企业亟待做出适当反应的时候，博得顽固地坚持着原有的模式。当巴诺书店迅速地研发出自己的 Nook 电子书阅读器，并投下重金与爆红的亚马逊争抢网上生意的时候，博得把资金用在拓宽品类上，在图书和咖啡之外引入了 CD 和 DVD，并把大量精力放在这两类商品上。更糟的是，博得扩充了实体资产，重新装修店面，还把网上销售外包给了亚马逊。博得没有创造属于自己的电子读者群体，而是出售其他品牌的阅读器，比如 Kobo 和 Cruz，可在当时，没有一个能与亚马逊的 Kindle 或巴诺的 Nook 相比。博得把资金用在了维持过往上，而不是创造崭新的未来，这个战略最终把它送上了破产法庭。

　　虽然我没法钻进博得领导团队的脑子里，但我敢肯定地说，他们对数字挑战的看法与公司的失败大有干系，而巴诺的领导者对挑战的看法则让他们取得了暂时的成功(至少是暂时的吧)。未来他们如何与亚马逊和苹果公司抗衡，则要看他们对这个挑战的看法了。

　　我的朋友兼出版经纪人迈克尔·斯内尔(Michael Snell)把独立书店作为又一个例证。当绝大多数夫妻小店继续经营着超级书店都能买到的有限品类时，一些聪明的店主已经改头换面，重获新生。他们找到了独特的品牌定位，转变成目标读者们热爱的、充满魅力的场所。有些小店专做亲子和育儿主题，为孩子们开辟出阅读空间，策划各种吸引父母和孩子的活

动;有些则在专业的利基市场站稳脚跟。那些失去竞争力的书店主人紧抓着原有的经营方法不放;而那些生存下来、甚至还发展得有声有色的独立书店做出了改变,让自己变成了大型书店之外的、充满魅力的替代选择。当变化来袭的时候,所有的领导者都必须做出选择。

◎ 大脑的可塑性 ◎

你决定带领组织驶向未知的水域,可各种各样的阻力都集合起来阻挠你。可怜的领导者该怎么办才好? 你要换上一个有可塑性的大脑。不,不是塑料做的那种,而是愿意学习新本领、愿意改变的脑子。对大脑可塑性(也称作神经可塑性或大脑皮层重塑)的研究表明,在学习新行为、体验新环境、经历过新的神经活动之后,大脑的确会出现变化,并且适应这些新东西。希望向前驶去的领导者可以遵照以下步骤来做,在这个充满骤变的世界中生存下来。

◎ 挑战头脑中的偏见 ◎

回想我们关于沉没成本和现状偏见的探讨。单凭意识到它们的存在,是无法把它们驱散的。但是,想要减轻它们对改变的负面影响的话,清醒的认识与自我觉知是极为重要的一步。请记住,团队和组织中会产生文化,而文化会让这两种偏见变得更加牢固。文化会完全认同并主宰现状。"我们这里就是这样做事的,我们已经在这上头投入了很多。"变革来临之际,领导者必须坦然直面。把所有对现状有责任感的人都集结在一起,鼓

励他们提出并回答这些重要的问题:

- 我们如何定义现状?
- 我们已经对现状做了哪些投入?
- 我们从现状中获得了哪些利益?
- 现状对我们有什么限制?我们会选择继续做相同的投入吗?
- 主要竞争对手的现状如何?这种现状对他们有何帮助?
- 明年我们将是什么样子?对手呢?五年之后,我们和他们是什么样子?
- 我们需要对哪些商业力量做出大胆的回应?
- 为了做出大胆的回应,我们需要做出哪些具体的改变?
- 想要做出这些改变,我们需要投入多少时间、资金和情感?
- 如果做出这些改变,我们会从中得到哪些好处(或是坏处)?
- 我们该如何管理这个变革过程,以便最大限度地争取组织内其余成员
与利益相关者的认同?

　　单是带着自己和下属走一遍这个苏格拉底式的询问过程,就能够让大家的心思活起来,往前看,松脱现状对思维的束缚。群体的力量会渐渐地开始抵消这些认知偏见(既包括来自个人的,也包括来自团队的),步伐会很缓慢,但毫无疑问是在向前走。现在,你可以适当地改变大家对挑战的看法了。

◎ 换个角度看待改变 ◎

　　首先,用一个简单的句子来描述当前的挑战。好比说,你开了一家专门做当地海鲜料理的小餐馆。可是,一家名叫"鲔鱼查理"的全国连锁海鲜

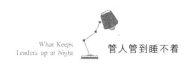

餐厅进驻了这条街,他们的价钱不贵,而且菜单都是标准化的,因此你的食客大量流失了。你这样描述这个挑战:"咱们这个投机的对手用迷死人的广告抢走了客人。"如果用这种方式看待挑战,你大概会不由自主地把更多资金投入到广告上,但在经营方式上不会做出太大的改变。现在,咱们试着换个角度来描述它:"一家标准化的连锁餐厅威胁到了咱们的地盘,要打赢他们,咱们该做些什么?"现在,你可能就会开始琢磨赢得竞争的方法了,或许你会重新设计菜单,吸引热爱美食的顾客,同时进一步巩固你使用当地新鲜食材的声誉。前一种描述方式偏重于捍卫现状,后一种会激发出新颖、有效的解决方案和决策。

遇到纠结于改变、不知该使用什么对策的客户,我喜欢使用下面这个策略:

- 把追求不同利益目标的人聚拢到一起。
- 把当前的业务挑战用一句话总结出来,写到白板上。
- 请大家用不同的方式来阐释这个挑战。
- 把带有价值取向的词汇删掉,比如公平的、聪明的、笨的、有益的、有问题的。
- 用中立客观的句子重新描述问题。
- 请利益相关者从各自的角度来描述挑战。
- 帮助大家从各自的角度来分析得失。

我曾与一家会员制的组织合作过,他们的目标客户是高等教育界的教育工作者。这家机构遇到的问题是会员数量连续数年停止增长,经济萧条更是为此雪上加霜。它的领导者团队表现出一个陷入泥潭的典型组织的所有迹象:对组织和品牌怀有强烈的情感,由于以前的成功而自高自大,被现状束缚、思路封闭。我介入之前,领导团队已经向现有的会员们做了一次正式调查。他们提出的调查问题是,会员们看重这个组织的哪些方面,他们希望在哪些地方作出改进(从给出的答案中选择)。

我请这支领导团队描述他们遇到的挑战,他们一致同意这句话:"我们为会员们提供了这么多利益,可越来越多能力不如我们的竞争对手抢走了会员,而且萧条的经济形势让我们的日子更加难过。"除了自己,他们怪罪所有的人。深入探讨问题之前,我请他们做做头脑风暴,提一些解决方案。不出所料,他们提出来的办法都换汤不换药,还夹带着这样的话:"会员们就是不懂得感激我们为他们做的一切。"这就好比鸵鸟说,"我眼前有这么多沙子,所以看不见",而不是"或许我应该把脑袋从沙堆里抬起来"。

当我们把情绪化的、带有价值取向和顽固自豪感的词语删掉之后,新的描述变成了"我们需要崭新的做法,来不断满足客户需求,改善经营状况"。请注意,这个句子里没有情绪因素了。也请注意,在新的句子中,他们没有埋怨任何人,而是承担起了创造美好未来的责任。它把现状关在门外,打开了一扇能看到创新方案的窗。没过多久,这个团队就想出了一大批新点子,从采用一个更加以客户为中心的经营方式,到拓展业务、把重点放在该组织的目标客户(年轻的专业人士和学生)身上,不胜枚举。

换个角度看问题,能让人把注意力的焦点从症状移到病因上。它用能够治愈感染的抗生素替代了创可贴。就像根治病症一样,这种视角的转换需要娴熟的技巧和艰苦的训练。想要改变组织文化的思考和行为方式,你需要问出一些尖锐的、有时会令人很痛苦的问题。

在上述案例中,组织的领导者们需要弄清楚现有会员和潜在会员对这个机构的看法。要承认这个事实是很痛苦的:他们在无意之中把这个机构变成了一个专业人士的"老家伙俱乐部",满脸皱纹的老家伙们聚集在这个枯燥乏味的地方,相互安慰,缅怀昔日的荣光。教育项目和庆祝活动非但不会冲淡这种印象,或许还会加重它。等到领导团队看到了问题真正的症结之后,他们就可以做点什么了。他们并没有彻底抛弃现状,因为他们需

要留住老会员。但他们可以想些办法来吸引新会员,比如开办导师项目,做一个人脉中心,举办详细具体的业务研讨会等。他们也可以在线上服务和网上教育项目这样的专业活动中使用新科技手段和社交媒体,来识别新会员的偏好。通过这些以及其他举措,他们走出了泥潭,并且走向了一个更加光明的未来。

◎ 养精蓄锐 ◎

当你需要做出重大改变的决策时,你应该知道,诸如回避、拖延、抗拒、不愿行动这些反应,有时候纯粹是因为心神俱疲,没有精力去想了。尽管人的头脑和身体有惊人的恢复力,但有些时候,我们需要让它们休息一下,把能量回满。在火烧眉毛的时候,这话说起来容易做起来难啊。

有的组织由于领导者没能及时回满能量而蒙受巨大损失,一个代价极大的例子就是 2011 年 11 月,英国莱斯银行集团(Lloyd's Banking Group)的 CEO 安东尼奥·奥尔塔-奥索里奥(António Horta-Osório)由于压力过大和工作超量被勒令延长休假。奥尔塔-奥索里奥于当年早些时候加入该集团,并于 3 月份出任 CEO。到了秋天,他患上了严重的失眠症,一连五天都无法入睡。由于缺乏休息、持续增加的压力和心神衰竭,他被迫寻求医生的帮助。此事的结果非常戏剧化:莱斯银行的股票下跌了 4.4%,造成了十五亿美元市值的惊人损失。12 月底,奥尔塔-奥索里奥终于回到该银行,但他的奖金拿不到了,而且被迫大幅度地改变工作和生活的习惯。

精明的领导者会学着分辨心神俱疲的讯号:

● 身体上的征兆:大部分时间都很累,可是却很难入睡;很容易生病,比如感冒和流感;食欲丧失或暴饮暴食;消化不良;比平常更容易头痛和肌肉痛。

● 情绪上的征兆:萌生无助感;抑郁;焦虑;易怒;自我怀疑;生活满意度降低;性欲降低。

● 行为上的征兆:注意力越来越难集中起来;决策能力变差;不愿意出去社交;沉湎于药物或酒精;反常地拖延;对身体健康与个人嗜好的兴趣降低。

就像奥尔塔-奥索里奥一样,我们有时也会忽视这些征兆,直到心神疲惫的感觉袭来。遇到这种情况,我们需要放慢速度,让自己充分休息,好好复原。放心吧,等你回来的时候,一切都还在。彻底把事情放下,身体和精神都放松下来。到朋友圈中寻求帮助,或是找专业人士帮忙。

一旦你焕然一新地重返工作岗位,准备大展拳脚的时候,请采取一些预防措施,避免自己再度垮下来。最简单的建议总是最奏效:好好吃饭,睡足觉,多运动,多跟朋友们出去玩,读一本书,去电影院或剧院,花点时间享受你的个人爱好(或是培养个新的),冥想,或是任何能帮助你减压的事情。我的一个客户每天都写日记,把当年所有的好事和坏事都记下来。仅仅是把一切诉诸笔端,就能帮她看清事实,并镇定下来。你要知道何时该拒绝外部的邀请,免得给虚弱的骆驼身上再压一根稻草。最后,关掉手机和电脑,每天起码要这么做一次。

正如我们之前讨论过的,培养习惯是需要时间的。然而,我们的头脑喜欢养成新习惯,尤其是那些积极又健康的——它们能避免心神疲惫,帮你转换航向,在你需要时让你休息,帮你重新充满电,做出清醒的决策。

◎ 本章小结 ◎

和这颗星球上的其他人一样,领导者也是人,只不过身上承担着大量责任。他们需要为人员和流程操心,还要做出能够成就或摧毁一家公司的

重大决定。要说成就或摧毁一家公司,最重要的当属领导者应对变化的方式。你是陷在泥坑里动弹不得呢,还是主动欢迎变化,展现勃勃生机? 为了欣欣向荣地发展下去,你需要更加敏锐地觉察到自己和下属们在变化面前的心理因素。这份觉知能够帮助你做出更加明智的、关于未来的决策。

第七章

为何好团队会变坏？

身为一名资深的人力资源总监，莉莉以为自己什么风浪都见过了。她正准备着手调查一桩性骚扰投诉，被投诉的对象是公司的一个副总。有个名叫罗莎的收银员举报说，副总斯科特对她的关注令她感到困扰。可斯科特是个人缘极好、风度翩翩的高级管理人员，很有影响力，而且在这家大型制药企业已经工作了二十五年，表现无可挑剔。

第一次跟斯科特的上司罗杰以及其他几位资深高管见面时，莉莉感到自己被挡在局外。"斯科特是个圣人，"罗杰强调说，"他绝对不会干这种事，尤其是对她那种人。"莉莉提出，这事是有证人的。"饶了我吧，"罗杰大笑，"你相信那种拿最低工资的贱货？还有那种一肚子不满的员工？斯科特可是一个定期去教堂、婚姻幸福的男人！"莉莉把这次谈话的情况汇报给上司时，上司让她把这事赶紧了结掉就算。

莉莉实在想凭良心做事，所以她返回头去找罗莎，希望这个姑娘能多拿些证据出来。罗莎极不情愿地从钱包里抽出一张照片，递给了莉莉。照片上的情景堪称骇人，斯科特全裸着，兴奋异常。

　　莉莉再次与那几位高管见面时,二话不说就把照片拍在了桌子上。敌意迅速变成了尴尬。谈判下来的结果是,斯科特主动辞职,罗莎撤回投诉,莉莉把那张不堪的照片归入机密档案。

　　为什么德才兼备的好人,比如像制药公司高管团队里这几位成员,会做出如此愚蠢、失德、经不起推敲的团体决策?他们绝不会对自己做这样的事,可为什么会对团队这样做?你大概也猜到了,这都是因为我们的天性,或者像神经科学家所说,"都是因为我们的大脑"。群体动态对个人的行为、思维方式和情绪会产生极大的影响。

　　如果你觉得个人心理学都乱糟糟的,理不出头绪,那你还是先看看群体心理学再下结论吧。这是个复杂得难以置信的领域。为了便于理解,我们即将探讨六个主宰群体动力学的因素,如果你没能妥善地管理好它们的话,它们会把你拖入痛苦的深渊:

- 群体的必然性。
- "我们"与"他们"的心态。
- 群体一致性。
- 社会惰化。
- 情绪传染。
- 聪明的个人,愚蠢的群体。

　　若论组织生活的哪个方面给领导者带来的挑战最大,那非"人在群体中的行为"莫属。

◎ 群体的必然性 ◎

　　为了活下去,还要活得好,人类一向愿意融入群体。几乎我们所做的每一件事都会受到群体的影响,从家庭、朋友、同事,到宗教组织、社交团体、人脉关系网、工作团队、专业协会等。从婚礼到葬礼,只要是人们聚集在一起参加某个活动,群体动力学都会起作用。

在一项很有趣的研究中,亨利·塔菲尔(Henri Tajfel)和同事们给受试者展示了一些克利(Klee)与康定斯基(Kandinsky)的画作,他们告诉受试者,喜欢同一位画家的人会被编成一组。这种设定方式就是为了创造出"我们"与"他们"的心态。受试者全都做出选择后,研究人员一个个带领他们进入小格子间,请他或她为这两组人员分配虚拟货币。这些成员之前从没见过面,相互完全不认识,代表身份的只有一个号码,但从这个号码中可以看出此人是喜欢克利还是康定斯基。

结果,受试者显示出了系统性的、对本小组的偏向。组员的共同点可谓最少不过,仅仅是根据对画作的喜好而分在一组,但这已经引起了系统性的偏差,怎么会这样?

根据亨利·塔菲尔和约翰·特纳(John Turner)于二十世纪七十年代提出的社会认同理论(social identity theory,SIT),人的自我感不仅来自个人身份(独特的个性),也来自他们对所属的一个或多个社会群体(男性、女性、黑人、白人、深褐色头发、金发、工作组 A、工作组 B)的归属感和身份感。社会认同能让我们彼此产生认同感,在重点事项、行为规范、目标和行动方案上达成共识,并一起行动。归于群体能让人产生归属感,这是一种基本又普遍的人类需求——我们想知道自己是谁,在这个世界上的位置是什么。难怪我们喜欢加入合适各样的群体。然而,一旦加入群体之后,一些非常有趣的动态现象就出现了。

◎ 我们和他们 ◎

从 2006 年 5 月到 2009 年 10 月,苹果公司推出了 66 条"买台苹果"的
电视广告,臃肿笨拙的 PC 用户和时尚酷帅的苹果用户形成了鲜明的对比。
这些广告令我们大笑,可它们也反映出一个非常重要的群体动态,即"我
们"与"他们"的心态。观众是想加入曾经一统天下、如今却日落西山的 PC
用户群呢,还是一度被视作异类、如今却性感惹人爱的苹果用户群?

在这个需要不断做出选择的世界里,选择结果界定了我们的身份,并
将我们与其他群体区分开来。从挑选朋友、爱人到电脑和汽车,莫不如此。
一旦你决定进入某个群体,你就会享受到许多美妙的好处,比如团体协作、
凝聚力等,但你也会惹上一些烦人的事儿,比如偏见。"我们"什么事都能
做到,"我们"是好人。"他们"压根没本事,"他们"是坏蛋。

大脑会自然而然地夸大"我们"与"他们"的区别。这种区别促进了群
体内部的合作,造成群体之间的竞争,让人们做出有生产力或没生产力的
行为,也造就了各式各样的工作环境,从爱护人培养人,到毒害人整垮人,
不一而足。这里面包含三个思维过程:

● 社会分类。我们对人和属性做出分类,并对相应的群组产生认同感(黑
皮肤/白皮肤,男性/女性,金发/褐发,营销部门/生产部门)。这些分类帮助我
们认识世界,获取关于他人的信息,给自己和自己在世界里的位置下个定义。
分类还有助于我们界定出哪些行为是得体的,符合群体习俗的。

● 社会认同。群体特有的信念和行为把我们跟他人区分开。"我是天主
教徒;我信仰圣母玛利亚;我做弥撒;我尊崇教皇。"通过社会认同,我们在群体
中的成员身份具备了情感意义,这是因为我们对群体习俗的接纳融进了我们

的自我身份和自尊心之中。

● 社会比较。人人都会拿自己跟他人作比,这种行为有助于维持我们的自尊心(基于自身与群体的),并认为我们所属的群体比别人的强(就把这个现象看作是群体层面的向下比较吧)。有时我们的比较心较轻,可以自在地与其他群体共生(比如公司里的不同部门);有时我们的比较心非常重,把其他群体视作敌手(比如红袜队的粉丝和洋基队的粉丝)。

不断有研究证明,人们偏爱自己所属的群体,并努力为之争光。这意味着人们认为自己的群体好,别人的差。"我们"和"他们"之间的鸿沟越来越深了。

关于这个现象有一个最有名的心理学实验。1954 年,社会心理学家穆扎弗·谢里夫(Muzafer Sherif)和同事们做了"罗伯斯山洞实验"。研究人员带着一群小男孩,到俄克拉荷马州的罗伯斯山洞国家公园里参加夏令营,并让他们随机分成两组。这两组都不知道对方的存在,他们给自己的小组起了名字,分别叫做响尾蛇队和老鹰队。最初的感情培养期过了之后,研究人员告知他们另一组的存在。竞赛开始了。两个小组展开了针锋相对的竞争,而且都做出了不好的行为,骂人、做自私的事、抢对方东西、侮辱对方。在实验的最后阶段,研究人员创造出一个需要两个小组合作的情境,如果问题解决,两个小组都能得到好处。谢里夫和同事们发现,两组之间的敌意渐渐消融了,他们对彼此的态度也变得更加友善。

绝大多数群体、团队和组织文化都会举办正式或非正式的入会仪式。在"阿尔法-贝塔"式的兄弟会中,高年级的学长命令刚入会的新生完成各种各样羞辱性任务并分组解决问题,这会在新成员之间建立起牢固的情感纽带。这些任务中,轻者是无伤大雅的游戏,重者能发展成有虐待性质的折磨。入会仪式中还包括凌辱或放逐那些"其他"群体的成员和本属于这个群体、却违反了规矩的成员。在专业圈子里,初入职场的菜鸟医生和菜鸟

律师牺牲睡眠和私生活，来证明自己对这个行业的献身精神。海豹突击队的队员如是，童子军也如是。想想我们在第六章中探讨的沉没成本。一旦我们为了进入某个团体而献出了血汗和泪水，我们就会在退出之前考虑再三。

这种"我们"和"他们"的心态也能促进工作中的良性竞争。然而，一旦竞争开始越界，或是凝聚力强到拆也拆不开，问题就来了。当良性的竞争变成了欺凌，或是人们由于害怕报复才留在群体中，领导者就应当着手消除"我们"和"他们"的心态了。方法包括：对人员结构做些微调，让两个组的少数成员互换；或是设定一个需要组间合作的任务，就像 Sherif 和同事们对罗伯斯山洞的那些孩子们所做的一样。

◎ 群体一致性 ◎

当你跟朋友一起干了愚蠢或危险的事时，还记得父母是怎么教训你的吗？"要是你的朋友从大桥上往下跳，你也跟着跳啊？"群体一致性会主宰群体的行为，无论是一群半大孩子凑在一起抽烟，还是去拉斯维加斯开会的同事们集体翘班去玩老虎机。我们都曾体会过那种随大流的冲动，因为我们担心被大家排斥。

关于群体一致性酿成的恶果，安然公司就是个令人心痛的例子。尽管造成这个能源巨头衰落倒下的因素有很多，比如腐败和贪婪，但公司文化起到的作用不容小觑。安然的基础文化鼓励一致性，惩罚异议。安然的管理层用来加强一致性的工具之一就是绩效评估系统，人们开玩笑地把它称作"评级与封杀"。每年两次，公司内部的绩效评估委员会（Performance Review Committee）从十个方面按照一到五分给员工打分。员工被分成三等：最优的得到丰厚奖励，中等的有六个月时间大幅度提升绩效，最差的就要卷铺盖走人。彼得·富萨罗（Peter Fusaro）和罗斯·米勒（Ross Miller）在他们的著作《安然犯了什么错》（*What Went Wrong at Enron*）中这样总结道："在安然创造出的环境中，员工们不敢表达自己的意见，不敢质疑有违道德规范、有可能非法的商业活动。由于评级与封杀体系既武断又主观，管理层很容易用它来奖赏盲目忠诚的人，打压酝酿中的不满情绪。"

一致性会让人们为糟糕行为寻找借口。心理学家所罗门·阿施（Solomon Asch）做了一个关于一致性的著名研究。他请一百二十三名受试者观看纸上划出的线，并找出与基线最相符的一条。答案是非常明显的。

阿施把每名受试者都分入相应的小组中，小组中的其他成员其实事先得到了指令，故意选择一个完全错误的答案。这些成员一个接一个地选出答案，而不知情的受试者排在最后一个。令人惊讶的是：

- 超过半数的实验中，50％的受试者都选择了那个错误的答案。
- 25％的受试者拒绝受到大多数人错误答案的影响。
- 5％的受试者总是附和大多数人的错误答案。
- 把所有的实验汇总后，平均的一致性概率是33％。

Asch事后请受试者解释自己的行为时，他发现，大多数人都在实验中感到焦虑和不自在。他们担心自己跟大多数组员不一样。尽管不少人一开始的时候选对了，可随着他人逐一给出错误的答案，他们开始怀疑起自己的判断。还有些人只是不愿意跟别人不一样。还有少数人甚至在知道了真相之后，还拒绝接受事实。

多年来，研究显示，影响群体一致性的因素有很多，请看下表（表7-1）：

表 7-1　影响群体一致性的因素

群体中的人数	在三至五人的群体中,一致性最高。人数再多也没区别;人数少的话,一致性的倾向会下降。
圈内/圈外	人们会与自己所属的那个群体保持一致,如果他们认为这个群体中的其他成员很有魅力并与之有情感联系,那就更是如此。物以类聚,人以群分。而差异会引发反感和不一致性。
异议	如果有人表现出明确的异议或无法做出决定,群体一致性的倾向就会降低。
情绪	良好的情绪会促进一致性和认同。
任务的性质	重要的任务或是令人们感到雄心勃勃的任务更有可能激发一致性。
恐惧心理	令我们感到恐惧、过去之后令人释然的危机会提高一致性。
人的性格	更渴望得到他人认同并且(或)自我价值感较低的人更容易附和群体的意见。
文化	崇尚个人的文化(尤其是西方文化)比崇尚集体的文化(往往是东亚文化)更不易产生一致性。然而,这两种文化都会团结起来抵御外敌。
社会/群体规范	群体的行为规范和行为方式会对一致性产生强烈影响。
权威/领导力	有些领导者会创造出鼓励一致性或顺从的条件。
性别	男性和女性对群体的认同方式是相似的,然而,在公众场合和有群体压力的情境之下,女性更容易与群体保持一致。人员性别相同的群体比性别混合的群体更容易求得一致。

在商业环境中,社会一致性带来的结果有好有坏。有凝聚力的小组能够取得令人惊喜的业绩,但高度的同质化会扼杀创意和批判性思维,妨碍人们做出决策和寻找解决方案。规模更大的社会一致性能够培育出一个高生产力的、相互支持的文化,但是,如果一致性发展到极端的地步,人们就会看不见错误,就好比你跟着朋友跳下了大桥。

为了避免好团队变坏,领导者在组建团队时就要当心。领导者可以实施一种"变通法则",鼓励大家在做决策或执行任务时提出多个可行方案。更进一步的是,领导者可以让大家清楚地知道,遇到可能会违反道德规范或法律的一致行为,或是糟糕的商业决策时,他们可以、也应该提出质疑。

自我觉察也是一剂良药,学习群体动力学的基本知识可以让人们了解并应对一致性的好处和弊端。发觉好团队要变坏的领导者必须立即插手干预。但领导者往往察觉不出来,因为他或她也是团队的一分子,也受到一致性的影响。在这种情况下,一个值得信赖的顾问或教练能够给出客观的建议,有助于把团队拉回正轨。

◎ 社会惰化 ◎

在乔治·奥威尔(George Orwell)1946 年的经典小说《动物农庄》(Animal Farm)中,一群农场动物建立了一个公社,确保所有动物都享有平等的权利。主意不错。可真正的情况是:绝大多数动物都累死累活地为少数几头懒惰的动物服务,领头的猪这样训诫道,"所有动物一律平等,但有些动物比其他动物更平等"[①]。心理学家把这种现象称作社会惰化,我的一位客户伊莲对这事再熟悉不过了。

伊莲在一家大型投资银行工作,是六位人力资源总监之一。除了管好自己的地盘之外,总监们偶尔需要联合起来,组成团队做些项目。有一位总监名叫托尼,在公司工作了三十年,投入了大量的时间和心血,赢得了资深领导层的尊重。但在伊莲看来,托尼只重视职位比他高的人,很少关注同侪,也极少在乎人力资源部门的总体利益。伊莲恨恨地说:"公司这个嘉奖项目,我们已经做了八个月,可他什么活儿也没干!"

开会的时候,只有高层管理者参加时,托尼才会露面;然后他就主导了

---

① 这里原文翻译过来是"所有的猪都平等,但有些猪比其他猪更平等"。疑似作者引用有误。此处还是尊重《动物庄园》里的原文,改为"所有的动物都平等,但有些动物比其他动物更平等"。——译注

会议,把队友们的功劳都揽过来。伊莲为此气得要死,因为托尼几乎没做一点分内事,所以其他团队成员就得替他把事儿做完。他们觉得自己别无选择,因为他们对这个项目非常自豪,希望它能顺利完成。

伊莲和其余几位总监向老板投诉托尼的行为。可他们的老板弗兰克看不到真实的状况,因为在会上,他见到的是那个"好托尼"。托尼从没认真对待过队友们对他"爱占便宜,游手好闲"的评价。尽管托尼没做事,可这个项目最后还是漂亮地完成了,团队因为出色的工作得到了嘉奖。但伊莲坦承,"看见托尼的名字也写在上头,大家都气坏了。胜利的光环都被他玷污了"。

托尼的手下都有样学样:想来就来,想走就走,让其他人去做实事,只要跟上司搞好关系,赢得高层的赏识就行了。这也让其他小组的员工大为泄气。渐渐地,整个人力资源部门都被公司里其他部门鄙视了。

此时,弗兰克被换掉了。新上任的副总裁莉迪亚识破了这些伎俩。当公司由于经济萧条而裁员时,第一个炒掉的就是托尼。

心理学家早在1913年就发现了社会惰化的现象。一位名叫马克斯·林格尔曼(Max Ringelmann)的法国农业工程学教授想要比较农场中机器与人力的效率。林格尔曼测量了人拉绳子的拉力,在单人拉绳和不同人数的集体拉绳中,他都观察到了非常有趣的现象。表面上看,每个人出的力都一样多。但真实情况是,拉绳的人越多,每个人出的力就越少。集体拉绳的时候,人均花的力气只有单人拉绳时的一半。

近期的科学研究也证实了这种情况。1979年,比布·拉坦(Bibb Latané)、基普林·威廉姆斯(Kipling Williams)和斯蒂芬·哈金斯(Stephen Harkins)请受试者拿出最大的力气鼓掌并喊叫。先是一个一个做,然后是集体做。如果你偶然听到了集体喊叫的声音,你会以为每个人出的力都一样多。但真实情况是,集体做的时候,每个人鼓掌和喊叫的劲头都变小了。研究者把这种现象称作社会惰化,即个人在群体中工作时,付出的努力会变少。拉坦和同事们走得更远,他们把这种现象称作"社会病","对个人、社会机构和整个社会都没好处"。按常识来看,团队取得的成绩应该比个人更高。六个人捡到的莓果肯定比一个人捡到的多,一群猎手杀死剑齿虎的速度肯定比单个猎手更快。但或许事实并不是这样!

1993年,史蒂文·卡劳(Steven Karau)和基普林·威廉姆斯分析了七十八个社会惰化的案例,希望找出这个现象的根本原因。这次研究引出了集体努力模型(collective effort model, CEM)。它的核心概念是,我们如何看待个人的努力和预期成果之间的关系。如果你认为自己的辛勤努力会换得对自己和团体都很有价值的成果(奖金、他人认可或自豪感),你就会竭尽全力去实现目标。如果你认为自己的努力顶多也只在预期成果中占上六分之一,也没人注意,或是这个团体目标看上去毫无意义,你就不会那么卖力地做事了,没准就会用自己的方式来磨洋工。在研究中,卡劳和威廉姆斯发现了一些规律:

1. 社会惰化的现象是不分性别、文化和任务的,但女性和亚洲人似乎不大容易磨洋工。

2. 磨洋工的人或许能意识到自己在消极怠工,但也可能意识不到。

3. 和好朋友或很重视的队友们一起做事时,爱磨洋工的人就不会懈怠了。

4. 出现以下情况时,人们更有可能磨洋工:

- 认为自己的努力会被群体埋没。
- 认为这项任务对自己和团体都没意义。
- 本团体的工作与其他团体的工作没有可比性。
- 对预期成果缺乏理解。
- 加入了一个满是陌生人的群体。

● 希望队友好好出力。

● 重复他人的工作。

人人都有可能时不时地磨洋工,但是,如果它严重地影响到了团队的生产力,领导者就必须采取措施。为了降低它的"传染性"(或是从一开始就防止它出现),我推荐大家使用下面这个"防懈怠策略(STOP LOAFS Method)"(表7-2):

表 7-2　防懈怠策略

S	减少组内人数 (set small groups)	小型团队会抑制磨洋工的现象
T	把工作任务与愿景紧密关联起来 (tie tasks to vision)	当大家看到这份工作对整个组织的福祉极为重要时,惰化现象就减少了
O	关注需求,争取认同 (observe need for buy-in)	制定具体的、可以衡量的目标,让大家真心接受这项任务
P	建立同侪评估机制 (provide peer evaluation)	如果队友之间有评估反馈机制,磨洋工现象就会减少
L	立下基本规则 (list and enforce ground rules)	建立清晰的责任制。团队领导或成员如何处理磨洋工现象,也要好好地明确下来
O	了解群体动力学 (open minds to group dynamics)	如果团队成员对群体动力学有所了解,相互提醒懈怠行为的话,磨洋工现象就会减少
A	树立责任感 (act all-for-one and one-for-all)	如果人人都为自己的行为负责,磨洋工现象就减少
F	培养团队精神 (foster group bonding)	牢固的情感纽带、高涨的士气、彼此尊重,这些都会抑制磨洋工的出现
S	奖励 (salute success)	奖励个体与团队的贡献

无论你采用什么方法来杜绝社会惰化现象,你依然需要考虑个体对他人的影响。

◎　情绪传染　◎

2004 年,橄榄球运动员特雷尔·欧文斯(Terrell Owens,T. O.)签约费城老鹰队(Philadelphia Eagles)。当时,内行的球迷们都认为欧文斯是最优秀的外接手之一。他加入之前,老鹰队打得也不错,但没好到能进入超级碗的程度。可是,2004 年,在欧文斯的帮助下,这支球队拿下了十六场中的十三场,创下 NFL 的最佳纪录,最终打进了总决赛。虽然欧文斯受了严重的腿伤,那个赛季的最后四场比赛都没有参加,但他不听医生的规劝,跟队友们一起站在了超级碗的赛场上。虽然老鹰队最后输掉了,但他们献上了一场精彩绝伦的比赛,整个费城都沸腾了。

超级碗结束后,明知老鹰队不允许球员重开合同谈判,欧文斯还是提出要修改合同,增加奖金。管理层拒绝他之后,一度团结的球队开始分崩离析。2005 年的训练一开始,一肚子怨言的欧文斯在更衣室中寻衅挑事,涣散军心,由于他的破坏力太强,管理层把他送回了家。他们无法忍受欧文斯不停地批评队里的首发四分卫多诺万 · 麦克纳布 (Donovan McNabb)。欧文斯的行为在队中造成了分裂,有些人支持他,有些人支持麦克纳布。欧文斯的怨怼之情破坏了球队的凝聚力,分散了球队的注意力(打进下一场超级碗),而且影响到了球队在赛场上的表现。赛季过半的时候,老鹰队决定止损,把这个动摇军心的欧文斯炒掉,把队伍拉回正轨。可惜太迟了。短短一年间,老鹰队从 NFL 最有潜力夺冠的球队变成了最糟的。2005 赛季里,在 NFC 东部的比赛中,六场皆输。

在职场中,情绪能像野火一样迅速蔓延。一个暴躁、爱挑刺的可恶家伙能把整支团队拖垮。同样,一个开开心心、支持他人的可爱队友能把整

个团队的士气带动起来。心理学家把这种现象称作情绪传染。

数十年的研究表明,情绪能够强烈影响我们的记忆、对事情的印象、思维过程,最终影响我们的行为。在职场中,人们的情绪会严重影响决策、问题解决、关注焦点、人际交往、绩效表现、生产力以及整个组织文化。

如今在沃顿商学院担任管理学教授的西加尔·巴萨德(Sigal Barsade)于2002年曾做过一项很有意义的研究——情绪对团体的积极影响与消极影响。她找来九十四名商学院的在校生,把他们分成了二十九个小组,每组两到四人不等。每个组里有一个事先安排的、从表演系里请来的"托儿"。小组的任务是讨论并决定如何分配一笔奖金。受试者不知道的是,巴萨德叮嘱托儿们表现出各种各样的情绪和投入程度,比如欢快热情、平静和蔼、暴躁易怒和抑郁懈怠。

巴萨德发现,演员的表现影响了受试者的行为。演员的欢快情绪让小组变得更快活,演员的愤怒让小组变得更生气。积极情绪创造出更多合作,消极情绪创造出更多冲突,让人们在决策中不愿合作。

巴萨德认为,"人是活生生的情绪传感器,持续不断地影响着他人的情绪状态,然后影响他们的判断和行为"。这种效应在各类组织、行业中都见得到,无论组织大小,都会受到它的影响。

情绪传染涉及心理和生理的双重过程,既有微妙的,也有不那么微妙的。这是人类的天生倾向,从婴儿时期我们就会模仿他人的非语言行为、面部表情、身体语言、说话方式和语音语调。妈妈俯身冲你微笑,你也报之以微笑;爸爸皱起眉头,你也不由自主地皱起眉头。这种自发的模仿触发了一个生理反馈循环,模仿引发的肌肉和腺体反应触发了情绪。妈妈微笑了,你感到快乐;爸爸皱眉了,你感到悲伤。

这解释了面对面的情绪传染。可是,那些分散在各地办公的团队会怎样呢?这些团队成员是通过电话、电子邮件、即时消息和短信来沟通的。

2011 年,阿里克·切森(Arik Chesin)、阿纳特·拉菲利(Anat Rafaeli)和内森·鲍斯(Nathan Bos)做了一项非常吸引人的研究——文字对情绪的影响。不出所料,研究者们发现,文本可以轻而易举地传达快乐和愤怒。约瑟芬发了一个悲伤的情绪符号,弄得鲍勃和莎拉也不高兴了。每一天,人们都会匆忙地写邮件,或是快速地回答别人发来的即时消息,不曾细想自己的措辞、语调和强调重点会给对方造成什么影响,就按下了"发送"键。请注意"请把合同给我"与"请把合同给我!"这两句话的区别。就算少个逗号,也有可能产生歧义。"咱们去吃,鲍勃"就跟"咱们去吃鲍勃"的意思完全不同。绝大多数人都曾经在转发邮件时错按成回复吧。一位出版经纪人遭到了退稿,他在编辑发来的邮件里添了一句"这个傻瓜!",然后打算转发给作者,结果却点成了回复,直接发给了那个编辑。他多希望自己在发送之前仔细想想啊。没发觉自己打错了字,或是没注意智能手机的自动纠错功能,你也会让自己陷入尴尬,"Very sorry I kissed our boss at the conference"(抱歉我在开会时亲吻了老板),其实你本来想写的是"missed our boss"(想念老板)。

研究者们在寻找远程情绪传染背后的机制。一些初步的发现表明,当传统的非语言线索缺失的时候,人们会寻找其他类型的线索(比如文字的黑体、斜体、大写、笑脸符号和标点等)。这些线索就像人们面对面说话一样,能把情绪传染给对方。因此,我们才会把这些小小的笑脸称作"情绪符号"。

领导者在情绪传染方面的所作所为会强烈影响团队的成绩。2005 年,托马斯·赛(Thomas Sy)、斯蒂芬·科特(Stéphane Côté)和理查德·萨维德拉(Richard Saavedra)研究了领导者的情绪对团体的影响。研究者们把一百八十九名在校生分成每三人一组,让每个小组的组长先看一段录像,然后带领组员完成一项指定任务。录像有两种,一个是戴维·莱特曼

(David Letterman)的幽默片段(激发积极情绪),另一个反映了社会不公和侵略问题(激发消极情绪)。研究人员评测了组员们在执行任务之前和之后的情绪,结果表明,组长的情绪影响了组员。比起情绪坏的小组,情绪好的小组合作得更为顺畅,任务的执行结果也更好。

除了对群体动力学有影响之外,情绪传染还会对整个组织的文化产生重大影响,这必然会波及消费者、客户以及其他与该组织有关联的人。以杰出的客户服务而著称的美捷步(Zappos)与员工们一起拟定了十条核心价值准则,并在整个组织中推行开来。这些准则犹如他们的十诫,蕴含着积极向上、热情洋溢的气息。美捷步的员工可不是嘴上说说就算,他们真的把这些准则融入了每一天的工作和生活之中。这家公司的领导者在招聘、培训、提拔和奖励员工时,也都极力推行和宣传这些价值观。这些也是会传染的,面对面的会见、电子邮件、电话、即时消息中都能体现出来。

想要运用情绪传染的积极影响,这需要你的清醒认知。在你的组织中,请运用下列小贴士来向大家传达并维持恰当的情绪:

● 自我觉察。如同领导者要做的绝大多数事情一样,你应该对自己的情绪和非语言行为进行清醒的自我觉察,这对积极的情绪传染大有助益。别以为你能成功地隐藏起自己的情绪和心情,它们会不可避免地通过语调、面部表情、手势等渠道流露出来。有时候,你应当在情绪影响到身边其他人之前就走开一会,平复心情。如果你没法暂停下来,只需坦然承认你现在情绪不好,让大家先"无视"你一会儿,直到你调整过来为止。

● 运用同理心。最出色的团队懂得遵守这一条基本规则:只要使用有帮助的、富有同理心的方式,团队成员就可以指出队友的情绪出了问题,而不必担心报复。当然,这种事最好是在私下里提出,如果当着大家的面挑明或纠正,有些人可能会感到尴尬。正如我们自己未必能清楚地认识到自己的情绪状态和它对他人的影响,与我们并肩工作的这些人也是一样。问问你能帮什么忙,倾听他们的故事。但是,不管你做什么,都不要妄自评判或批评对方。这会有助于团队成员认识并调整自己的情绪,并且为富含同理心和充满关爱的团队文化打下基础。

● 运用幽默。并不是每个场合都适合大笑一场,但是,要说什么事能飞快地驱散不开心的情绪,那就非幽默莫属。幽默能立即让人松弛下来。有时候,只需笑一笑,拍拍对方的肩膀,就能达到效果。认知神经科学家兼教育心理学家玛丽·海伦·爱莫迪诺-杨(Mary Helen Immordino-Yang)建议说,如果你感到情绪低落,横向咬住笔杆,模仿微笑的样子。是的,这听起来挺傻的,可真的有用,因为这样做能调动你的微笑肌肉。记得妈妈俯身朝你微笑吗? 一个简单的表情就能改变情绪。

● 在电子沟通中传达积极情绪。你发出的每一封电子邮件、每一条即时消息或短信都能激怒或愉悦对方。永远也不要忘记小小的礼貌和客气措辞,比如"请"和"谢谢"。一个小笑脸或傻乎乎的表情符号会令你微笑,它们会为讯息里添上一点积极的情绪,很可能会让对方也快活起来。如果你不喜欢用表情符号,那就试试在邮件的结尾添上一句"祝你拥有美好的一天"或是"周末愉快"。这种句子会让对方感受到一种积极的情绪,也感觉到你的同理心。

● 监管团队文化。就像我妈妈常说的,"你是个聪明的女孩,但是,如果你知道你应该做出改变却没有去做,那咱们就得重新想想'聪明'这个词儿了"。身为团体的领导者,你必须获取必需的信息来调节团队的情绪。忽视情绪的传染力量只会让事情变得更糟。有些时候,你可能得从筐里把坏苹果拣出来,换上一个好的,因为你决定好好想想"聪明"这个词儿。在领导力中也是一样。有些人就是不适合在团队中工作,应当寻找一个更合适他们的环境,或许是离开乐队,出去单飞。

◎ 聪明的个人，愚蠢的群体 ◎

在英国，人们不说给地毯"吸尘"，而是说"把地毯 Hoover 一下"。著名的吸尘器品牌 Hoover 已经融入了当地的文化。可是，当竞争开始蚕食市场份额，特别是遇上了经济不景气的时候，就连销量最稳定的产品也遇到了麻烦。

二十世纪九十年代早期，为了应对英国市场销量下滑的问题，Hoover 面向英格兰和爱尔兰的消费者推出了一项声势浩大的营销活动：购买任意一台价格超过 100 英镑的 Hoover 牌吸尘器，就能免费获得两张飞往欧洲或美国某个大城市的往返机票。

这场营销活动成功极了，销量飙升，电器城里开始缺货，Hoover 的工厂一周七天连轴转，马不停蹄地加班生产。最后，符合拿机票条件的顾客人数达到了二三十万人。

此时，Hoover 的天才们终于想起算账这回事了。两张机票钱加起来，已经大大超过了一台 Hoover 吸尘器的价钱，就算是顶级的型号也不够，如果机票是去美国的，那差额就更大了。Hoover 公司没算账，可消费者们算了。

当这家公司食言的时候，消费者们气坏了。带着追加销售味道、听得人稀里糊涂的服务电话进一步令大家怒火中烧。没过多久，新闻媒体和法院开始介入。此事尘埃落定的时候，Hoover 已经蒙受了四千八百万英镑的损失，开掉了欧洲分公司三个最高级别的管理人员，还关闭了英格兰的所有工厂。一度开开心心的 Hoover 消费者依然会说"把地毯 Hoover 一下"，但越来越多的人用的是 Dyson 或 Vax 牌。

聪明人凑在一起,的确能做出愚蠢的决策,就像 Hoover 的管理层一样。为什么会发生这种事? 心理学家把这归结为一些最基本的原因:群体的过度自信、群体极化、共同信息偏见(common information bias),而某些时候,只是由于群体思维(group think)而已。

◎ 过度自信 ◎

总体来说,人都会对自己的知识、技能、能力和预测结果感到过度自信。例如,百分之八十一的人认为自己的驾驶水平属于"最安全的百分之三十"。由于对自己的能力过于迷恋,我们可能会无视某些信息或证据,而这些东西能够帮助我们做出更明智的决策,或让我们用更为现实的眼光看待自身。对企业界的研究也证实了这一点,CEO 们经常过高地估计了自己的盈利能力,这往往会导致糟糕的并购决策。证券经纪和投资者在这方面也是出了名的,他们总是过高地估计自己的预测本事,这经常会导致灾难性的后果。

自信程度高不是坏事,它能帮助我们漂漂亮亮地完成工作。但是,如果我们自信得过了头,事情就会失去控制。在以下情况中,人最容易过度自信:掌握了关于某项工作的大量信息;从事一项头绪繁多、占据大量时间与精力的任务;该任务相当困难,很有挑战(这一条很令人惊讶)。过度自信源自我们的天然倾向:无视某个情境或问题的一切有可能的呈现方式,即可得性偏差(availability bias);只寻找和考虑那些支持我们的信念或决策的信息,也就是确认偏误(confirmation bias);抓着某个价值观或想法不愿放手,过于重视它,这叫锚定偏见(anchoring bias)。最后,由于总是从"后见之明"中汲取经验,我们经常以为自己能够准确地预测未来,但实际

上,我们连前面拐角后有什么都看不见,这就叫做后视偏差(hindsight bias)。

　　如果这些偏差能在个体的头脑中乱窜,那你就想想看,当个体组成群体之后是个什么情形吧。置身于群体之中,过度自信的人会变得更加自信。这些偏差能让我们做出糟糕的决策,但是,如果群体中其他人也都有同样的偏差,那简直就是糟糕决策的大聚会了。此时,我们比平时更容易忽视外界的建议。一个灾难性的例子就是 1986 年的美国航空航天局(NASA),一组才华横溢的科学家和工程师无视外界关于挑战者号升空危险的忠告,结果观众通过数百万台电视机,目睹了它的爆炸。研究还发现,如果某个问题没有确定的对错答案,个人和群体的过度自信都会加剧。几乎所有的商业问题都发生在这种灰色地带。群体越庞大,就越容易出现过度自信的情况。

　　群体的组成结构也会影响它的自信程度。在 2002 年的一项研究中,斯蒂芬·舒尔茨-哈迪特(Stefen Schulz-Hardt)、马克·约基姆斯(Marc Jochims)和迪特尔·弗雷(Dieter Frey)请受试者评估一个关于新市场机会的财务前景的假说。研究者们发现,如果小组中的人都对这些方案有相同的初步印象,那么这个小组就比意见不一致的小组更加自信。有趣的是,研究者们还发现,这些同质化的小组的确认偏误程度也比较高,这令他们更愿意接受那些支持先入之见的信息。太棒了! 当别人都同意我们的时候,我们无所不能!

　　如果你对某个想法的投入逐步增多,就像我们在第六章中讨论过的沉没成本,那么群体的过度自信也会加剧。尽管有不利证据存在,但人们还是愿意坚持做下去,这会导致糟糕的群体绩效。成员之间的深厚情感也会让人变得更加坚定,尤其是那种凝聚力非常高的群体,牢固的情感纽带越发让人渴望与大家保持一致,从而获得认可。"永远忠诚"的口号能够让人做出超凡业绩,但是,如果发展到了过于极端的地步("管它是对还是错,上刀山下火海我都跟着你!"),那结果就恰恰相反了。

◎　共同信息偏见　◎

工作团队中的人容易过度重视大多数人掌握的信息,忽视少数人的,这就称作共同信息偏见或是共同信息效应。当"少数派报告"有助于取得更好的工作成果时,问题就来了。然而研究发现,即便是团队接受了少数派的报告,最终也往往会忽视它,因为它不符合大家都知道的信息。矛盾的是,组织为了得到创新想法而建立团队,结果却发现人们的脑子里早就塞满了陈旧过时的念头。当团队完成任务的时间很紧迫的时候,尤其容易出现这种问题,这是因为考虑新方法要比坚持旧方法更费时间。

在 1993 年的研究中,丹尼尔·吉冈(Daniel Gigone)和里德·黑斯蒂(Reid Hastie)提出了共同信息效应这个概念,研究的对象是科罗拉多大学(University of Colorado)的一百二十名大学生。研究者们把这些学生随机分成三人小组,让大家看几个目标学生的简短资料,然后先个人后小组地评估这几个学生在科目中的得分。有些资料是所有人都能看到的,有些则不是。这些资料包括:目标学生的高中平均成绩、SAT 成绩、该生自行估算的关于该课程的演讲和背诵的比例,以及该生对这门课程的喜爱程度、难度、作业量的评估。

他们发现,如果某份资料是大家在参与小组讨论之前都看过的,那么比起那种只被一个人看到过的资料,前者对小组意见的影响更大。换言之,小组对共同拥有的信息的重视程度超出了只有个别人拥有的信息。

如果团体得到的信息是百分之百准确的,这个共同信息效应就不是问

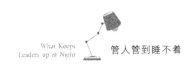
题。可是,哪有这种事?商业世界总是处于灰色地带。我们偏爱共同信息的原因主要是,我们能够很容易地接触到这种信息。这种信息最不容易遭到反对,团队成员喜欢交换这种大家都知道的信息,因为这样能得到更多积极的反应。

个人偏见往往也会发挥作用,因为团体成员往往对共同信息抱有偏好。"过去它对我们有帮助,那以后也会有。"新信息、新想法和新事实预示着变化,正如我们在第六章中看到的,人们不愿意改变。留在共同信息的舒适区里,可以把变化和相随而来的不适关在门外。

◎ 群体极化 ◎

你或许以为,温和节制的意见终将缓和尖锐的极端看法,但这种现象极少发生。群体的决策会比个人的决策变得更加极端,也就是"极化"。上百个研究证明,经过小组讨论之后,原本支持某个政治观点的人会更加坚定地支持那个观点。小组讨论并不会缓和强烈的倾向,而是让它变得更加强烈。

为了研究群体对决策的影响,托马斯·沃克(Thomas Walker)和埃莉诺·梅因(Eleanor Main)于1973年分析了美国联邦地方法院法官的决策。沃克和梅因发现,当法官们独自做决策时,极端判断的概率是30%;当法官们被编成三人一组的时候,极端判断的概率变成了65%。研究发现,决策者加入一个与自己有相似倾向的小组后,就更加愿意接纳和欢迎极端看法,还会为这些看法寻找借口。

心理学家们提出了三个主要理论来解释为什么在群体决策时,人们的意见会变得更加极端;原有的看法变得愈加坚定;以及为什么原本持有不

192

同看法的人往往会改变主意,接受多数人的意见:

1.被说服:当人们认为小组中其他成员说的有道理时,就会改变自己的看法。

2.从众:人们为了与群体保持一致而改变自己的观点,如果群体的观点符合社会期许,就更是如此。

3.衍化:人们会揣摩群体的意见,然后改变自己的观点,与之保持一致。

并不是所有的群体都会极化。群体存在的时间越长,成员之间的感情越好,对彼此越是信赖,对手头的工作了解得越多,这个群体就越不容易走极端。事实上,在这种存在时间很长的群体中,尤其是遇到时间紧迫的情况,人们在做决策的时候更容易妥协折中。当新成立的小组接到新任务的时候,走极端的可能性会更大,这是为了对抗新事物引起的不安全感。

◎ 群体思维 ◎

最后,我们来谈谈群体思维。这恐怕是群体的负面效应中最广为人知的一条了。1972 年,欧文·贾尼斯(Irving Janis)率先对这个现象进行了研究。群体思维的意思是,群体中的人迫于从众的压力而同意某个意见,最终导致了糟糕的甚至是灾难性的决策。贾尼斯提出,群体中的某些特点会鼓励群体思维的出现,其中包括强凝聚力,较大的压力、强势的领导者、与有价值的外部意见高度隔绝、与其他群体隔绝、缺乏评估信息的方法、群体成员的自我价值感和自信心较低。

你可以从一些典型表现中辨认出群体思维,思想封闭、亦步亦趋的一致性、自我审查、对圈外人有过高的评价或抱有刻板印象、认为自己刀枪不

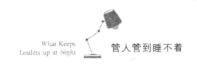

入、有道德上的优越感。当成员感到不得不同意领导者或队友的意见时，他们不会公开提出保留意见，也不会多做批评。这种自我审查加强了这个虚拟的信念——每个人都全心全意地支持团体的想法和行为。

群体思维会让糟糕的决策越积越多，最终伤及团队长远的生存能力。最后，团队的效率变得低下，因为它拒绝了太多有用的信息，而且无法做出应急计划。贾尼斯提出的著名案例包括美国未能预料到日军会突袭珍珠港(Pearl Harbor)以及越战升级——反战的观点被关在了决策室门外。在安然公司和雷曼兄弟的衰落中，它也起到了一定的作用。

讽刺的是，群体思维这个概念本身可能也是群体思维的产物。这个词汇已经融入了日常生活当中，成为一个人们不假思索就会接受的概念。然而，学界已经开始质疑它的正确性，因为它缺少支持性的实验证据。尽管贾尼斯描述的许多群体动态(比如确认偏误和从众压力)都与糟糕的群体决策过程相关，但这些动态或趋势往往发生(或是一起发生)在群体思维并未出现的时候。此外，一些据称是可能会有助于群体思维产生的条件，比如团体凝聚力，未必一定会导致糟糕的群体决策。不过，群体思维的表现的确是存在的，无论你把它叫做什么。

◎ 避开陷阱 ◎

想要组建并管理一支好团队，你需要认真思考团队的人员构成、规模、目标和行为规范。为了避开一些令好团队变坏的常见问题，你需要：

在团队中引入多样性。尽管领导者可能会忍不住想把五个看法相似的人组成一支团队，但同质化会妨碍创意的产生，令绩效变得平庸。尽力让团队成员多样化，比如不同的性别、年龄、种族、技能和阅历。向大家解释清楚你为何要这样做。"我们要发明一款新型的牙膏筒。大家在团队里会见到一些新面孔,因为我希望听到各种不同的声音。"

明确地提出期望。 如果领导者能把"希望大家取得什么样的结果"清晰地表达出来,无论是临时召开的会议,还是一支存在已久的工作团队,大家的劲儿就更容易往一块使。这也有助于提升团队成员的责任感,让大家懂得为结果负责。毕竟,如果你从没告诉大家你期望他们做到什么,那你肯定很难让他们为结果负责。"周五下班前,我们要提出新型牙膏筒的规格标准。"

重视团队的觉察能力。 如果团队成员都对常见的群体偏见有所了解,他们就会更容易发现并纠正自己的偏见。"瞧啊,我们都喜欢挤牙膏筒,而不是把它从底部卷起来。当有人提出一款可能需要卷起来的新设计时,咱们要记得这一点。"

提供恰当的培训。 尽管领导者一般都会雇佣会在团队中表现良好的人,但他们未必会培训这些团队成员,教会他们如何在团队中好好工作。除非你的每个团队成员前半辈子都一直在积极地参加团队运动,否则有些人还是会对团队工作感到陌生。没错,人人都可能自动地组成团队,但高效的团队行为需要某些特定的技巧,比如,尽管你也能胜任另外一个团队角色,但你会踏踏实实地把现在这个角色扮演好。你应该像做技术培训或在职培训一样,周到地做好团队培训。让团队成员掌握一套团队技巧,这不仅能提高他们的自我觉察能力与社会意识,还能让他们掌握在团队中工作的必备工具。

你可以找外部顾问或公司里的组织发展部门来做团队技能培训。请团队成员们积极讨论下列问题,思考群体动力学的天性,以及团队的整体优势与劣势:

1. 我们团队的优势在哪里？

2. 弱势在哪里？

3. 当我们做以下这些事情时，可能会遇到哪些障碍？

● 沟通

● 决策/解决问题

● 管理项目/时间/产品交付

4. 为了蓬勃发展起来，我们需要什么条件？

5. 哪些状况会妨碍我们发展？

这种讨论会促使大家思考，要想在团队中高效能地发挥作用，都需要做些什么？"咱们来回顾一下上次的重大突破，也就是那个罐头刀式的卷牙膏器。"

鼓励大家自由思考。领导者可以在召开重要会议之前，给团队成员布置作业，督促他们独立完成，然后在会上畅所欲言，不要担心他人的看法。向队员们强调：没有哪条数据或潜在方案是蠢到不能说的。"周三召开第一次团队讨论会之前，我希望大家回去研究一下牙膏筒的发展历史，并且深入地思考。做这个功课的时候，把所有出现在脑海里的事实和想法都记下来。"

坚持推行信息共享。领导者必须坚持推行信息共享。讨论中，如果人们可以自由地接触到所有信息，就不大容易漏掉那些有助于做出更好决策的资料。建议大家把与议题相关的所有信息都列出来。"谁想来说说第一支牙膏筒是怎么发明出来的？咱们把竞争对手这些年来添加的东西一条条地仔细过一遍。"

鼓励创新。 优秀的领导者会鼓励大家打破头脑中的障碍，大胆地构思、公开讨论和采纳新颖的想法和解决方案。鼓动团队成员们开动创意，批判性地思考问题，而不是达成共识就算数。这会帮助团队分享更多信息，在挑战对方时不带主观判断和恨意，并获得更好的成果。"咱们都知道把牙膏从管子里弄出来的两个基本方法，但是，我们能想到挤和卷之外的方法吗？哦，顺便说一下，为什么牙膏非要装在筒里不可？谁能提出最异想天开的答案，我就请谁吃饭。"

◎ 本章小结 ◎

从第一个从树上爬下来的灵长类动物开始，到我们的穴居人老祖先，再到现代的智人，从小小的夫妻店，到大型跨国集团，人们总是希望组成并加入团体，而且一直以来也是这么做的。每一个团体，从网球混双搭档，到二百五十人的销售团队，都会受到群体动力学的影响。了解群体的动态，会帮助领导者们更加高效地建立并管理团队，不会陷入负面行为的泥沼，免得让一支优秀的好团队变坏。

What Keeps
Leaders up at Night

第八章

为何明星员工没了干劲？

我的一位新客户遇上了一个威胁职业发展的大麻烦,所以最近来找我做咨询。大约十个月前,丹进入了一家软件设计公司,担任产品工程师。他的新工作是帮助一支团队设计一个名叫 Widget 的创新产品,他为此激动极了。未来有大把的职业发展机会,而且薪酬和奖金制度比他上一份工作的好太多了。他将会在家工作,这事让他有点紧张,但新老板向他保证,远程工作的员工们每个季度都会回到公司总部聚一聚。听闻此言,他放心了。

丹很快就上了手,起初一切都非常顺利。他感到 Widget 项目会一帆风顺。他与各个部门都能顺畅合作,在公司里建立起了牢固的人脉关系。他所做的还超出了本职工作的范围,他为销售团队提供客户线索,还与潜在客户建立起良好的关系。可是,为什么他竟会坐在我的办公室里,带着一副"没有降落伞却要跳飞机"的表情?套一句电影《铁窗喋血》(*Cool*

Hand Luke)里的经典台词,"问题出在工作积极性上"①。

丹垂头丧气地坐在我的办公室里,他说,他恨不得立马从这家公司离开,赶紧换一份工作,因为这里的人"都是一群背后捅刀子的撒谎精"。渐渐地,他对我道出原委,为什么他的状态会从激动、坚定、愿意努力工作变成了抑郁、挫败、想换工作。

我们马上就会看到,丹遇到了一个经典的组织困境:他的公司没能调动起他的积极性。盖洛普机构(Gallup Organization)花了三十年时间,访谈了将近一千七百万名员工,得出了一个毋庸置疑的结论,这个结论刊登在《应用心理学期刊》(Journal of Applied Psychology)上:如果员工失去积极性,会伤害到组织的生产力、绩效、灵活性、工作场所的安全性、忠诚度、士气,并最终影响利润。就像现在很多被人说滥了的商业名词一样,咱们都听说过"员工积极性"这个说法,但是,我们真的明白它的意思吗?

◎ 捉摸不定的积极性 ◎

许多领导者无法说清积极性的定义,但看到的时候他们就会知道。盖洛普和 Blessing White 这样顶尖的研究与咨询机构已经面向全世界每一个可以想到的行业,针对雇员和雇主进行了大范围的调查,对这个概念进行研究。尽管这些机构都在寻找共同的线索,但每一家都依据不同的定义和驱动因素来进行测量。世界大型企业联合会给出了一个简洁的定义:"这是员工对所在组织的一种强烈的情感联系,会让他/她更加积极地努力完成工作。"用心理学名词来说,员工积极性是一种心理状态,会受到行为、认

---

① 1967 年由保罗·纽曼出演,影片中的一句经典台词是"问题出在沟通失败上"。——译者注

知、情感因素的共同影响。

有许多无形或有形的人与组织的互动状况都会影响到积极性，包括但不限于以下几点：

● 工作。一家企业发挥职能的机制，它的结构、声誉、文化、对社会和世界的责任感、员工的任务、工作的性质以及可以得到的资源。

● 流程。公司运作中的规定与过程，包括绩效评估、信息管理和沟通、总体管理与人力资源管理实务。

● 人员。公司的领导者、管理者、雇员和客户的素质与能力，以及他们之间的关系的力量。

● 报酬。人们得到的各种有形与无形的回报，包括工资、奖金、医疗保健、认可、奖励、工作安全性与稳定性以及公司内的社区感。

● 机遇。人员得到发展和提升的机会，包括职业发展项目、培训与学习机会、在各个级别和职能部门间调任的机会、人员晋升的标准。

● 投资。企业对人员所作的投资（包括财务上的和情感上的），形式包括生活与工作的平衡、工作环境、员工的工作内容与组织目标的契合程度。

这些形形色色的因素对积极性的影响是因人而异的。新员工可能会希望得到发展机会，而资深的经理可能更偏爱工作安全性和公司福利。然而，在绝大多数情况下，工作积极性会受到这些因素的共同影响。

暂且不管工作积极性为何会存在，研究和调查都持续显示，积极性会显著地影响各类工作环境与工作成果。罗德·瓦格纳（Rodd Wagner）和詹姆斯·哈特（James Harter）为盖洛普所做的工作显示，全心全意投入工作的员工与以下现象之间存在明确的关联：较高的人才保留率、较低的人员流失率、旷工现象减少、生产力提高、企业盈利能力增强、工作事故减少、客户满意度和忠诚度增加。

盖洛普还发现:

● 比起同行业中员工积极性较低的上市公司,员工积极性高的上市公司的每股收益增长是前者的近四倍。

● 员工积极性最高的组织超过平均商业绩效的概率是百分之八十三,而在积极性最低的组织中,这个数字不会超过百分之十七。

尽管"员工积极性"的研究者们使用了不同的方法,但他们都认同的是,这个捉摸不定的概念在个人对组织的贡献中占据着至关重要的位置。你不能肤浅地理解这个概念,比如以为带着团队出去吃顿便饭就万事大吉了,区区几片比萨就能神奇地让大家拿出最出色的表现。你必须把积极性建设融入日常工作的方方面面,必须要像努力提升利润一样,勤勉地对待这个问题。这不是件容易的事,因为我们几乎每天都要匆忙地应付各种或大或小的危机,这些事情让我们忙到无暇顾及大局,傲到看不见问题,怕到不敢犯错(详见第一章)。深陷于这些忙乱之中,我们忽略了真正重要的东西,无意中挫伤了员工的积极性,而组织是否能够成功,全要倚仗他们的努力。

还记得丹的故事吗?十一个月内,他的积极性从高涨变成了低落。星光之所以会黯淡下来,主要由于以下两个关键原因:

1. 他的雇主激励了他,却没能提高他的积极性。激励和提高员工积极性是两码事。

2. 他的雇主违反了"心理合同",即双方并未明确说出的共识。违反心理合同会严重挫伤人的积极性。

◎ 对激励的误解 ◎

激励会促使我们做事。从婴儿时期开始，人类的生物天性就会让我们对人生中一切类型和强度的激励做出相应的反应。但是，激励与提高积极性有何不同？提高积极性中囊括了激励中的"是什么"，也就是说，是什么促使我们行动起来。此外，它也包含了行为背后的"如何做"和"为什么做"的问题。它还涵盖了驱动力、社会关系、人生意义的概念。

丹的公司出了什么问题？丹所在的团队里还有其他九个成员，产品总监迈克尔，项目经理劳拉，产品工程师尼克和泰勒，程序员盖瑞和德里克，还有销售总监黛博拉和销售经理瑞克与克里斯蒂。丹、泰勒、德里克和劳拉进公司的时间差不多，当时，Widget 正处在从测试到投放市场的中间阶段。丹开始工作没多久，就把黛博拉介绍给了一个来自纽约大型金融集团的决策人，因为他觉得黛博拉能把这桩生意谈成。如果他的团队能拿下这个订单，那将意味着成绩上的大突破（以前，公司的绝大多数产品都卖给规模较小的金融机构）。公司的领导层对这个单子兴奋极了，他们承诺说，如果这个订单能做成，每个团队成员都能拿到一大笔奖金。

一连六个月，这个团队对那位金融集团的决策人殷勤相待，终于签下了单子。可是，当大家碰过香槟杯，打开装着奖金的信封时，微笑变成了皱眉。公司的领导层抢先一步，解释了奖金微薄的原因，成功堵上了大家的嘴，他们说，公司需要对新产品投资，大家最终肯定会拿到承诺中的回报。团队成员们都很不高兴，这种话他们以前都听到过。

短短一个月内，新客户的投诉不断涌入，Widget 的功能没像销售团队承诺得那么好。丹、德里克、泰勒和劳拉开始马不停蹄地修补漏洞，他们发

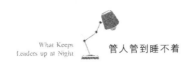

现,这桩差事的复杂程度和严重程度超出了所有人的预想。原来,黛博拉、产品经理迈克尔和团队中其他几个老成员早就知道这个产品存在缺陷,却瞒住了领导层。他们希望新来的这几个年轻人能在产品投放市场之前把毛病解决掉。

最终,团队把 Widget 的问题解决了,他们不仅把漏洞修补好了,还给它增添了几项新功能,让它更加适合大型企业。黛博拉和迈克尔把功劳全部抢走,得到了嘉奖。丹和其余几个人却因修补所花的额外时间而遭到了批评,因为产品本来就不应该出问题。此时,丹的积极性消失殆尽。

简单说来,这家公司的领导者们没有兑现承诺。他们没能调动起员工的积极性。2011 年,跨国巨头 Blessing White 发表了一份全球员工积极性调查,信息来自对人力资源部门和一线领导者的访谈,以及来自北美、欧洲、东南亚、澳大利亚与新西兰的近一万一千份个人线上调查结果。研究发现,积极性高的员工之所以留下,是因为他们给出的东西:工作的快乐,以及做出贡献的满意感。得到激励、但并未全心投入的员工之所以留下,是因为他们得到的东西:优厚的薪水、奖金、职业发展、安全的工作以及/或者令人愉快的工作环境。

多年来,有许多激励理论涌现出来。本章中,我们使用的是激励的内部和外部因素理论。

● 外部激励因素。传统的胡萝卜加大棒策略能够鼓励人们完成工作,是因为人希望赢得赞赏和嘉奖,或避免惩罚(或其他一些负面后果)。外部激励因素是达到目的的手段,它包括获得报酬、奖金、认可、奖励、表扬、升职。"我努力工作,是因为我想拿到奖金去买新车",或是"我努力工作,是因为老板威胁说,要是不好好干就要给我降职"。

丹的公司运用了丰厚奖金和荣获嘉奖的外部激励因素来促使他的团队签下大订单。外部激励因素带来的满意度或许是工作本身提供不了的。撰写产品说明手册或许就像盯着油漆等它干掉一样枯燥乏味,但承诺中的奖金或胡萝卜让丹努力地工作。

● 内部激励因素。这是坚定承诺的核心与灵魂,它能促使人们做事,是因为"这是正确的、应该做的事"。人们喜欢做这样的事,还因为它能带来自我实现的满足感、被授权的感觉,以及兴奋激动的情绪。虽然人们喜欢外部激励因素,但那些奖励并不是让人们积极地全心投入的主要原因。

丹认为,撰写产品说明手册是一件有趣又有意义的事。丹、泰勒、德里克和劳拉也有一种发自内心的、想要把 Widget 修补好的渴望。为了赢得这个合同,他们已经付出了大量的时间和精力。他们把这个产品视作自家宝贝,并为它的顺利面世而自豪。把问题解决掉,也让他们得到了同样的自豪感和专业感。

内部和外部的激励因素对人的影响因人而异。受到外部因素激励的人为了得到胡萝卜或免得挨打而做事。受到内部因素激励、全心投入工作的人能够考虑到任务的复杂性和可能性,有方法地收集并处理信息,创造性地把它们整合在一起,用于工作当中。哪一个是取得耀目成果的最佳方法? 想都不用想,内部激励因素燃点起心底和灵魂深处的热情,它能调动起人们的积极性。

但下面的结果可能会让你大吃一惊。在某些情况下,因外部奖赏(胡萝卜)而做事,可能会抑制内部激励因素(心和灵魂)发挥作用。对绩效表现的外部奖赏,尤其是那种需要创意、打破常规的工作任务,会在"从事一份好工作的快乐感"和"为了得到奖赏而做"之间引发冲突。爱德华·德西(Edward Deci)在 1971 年研究了这个理论,他发现,当学生们在完成任务后能够得到金钱这个外部奖赏时,内在的动力就降低了。相反,积极正面的反馈、鼓励和支持能提高内在的动力。

创新领域的出色研究人员特蕾莎·阿马比尔(Teresa Amabile)在职场

中测试了这个理论。她认为,只提供外部奖励(比如升职或奖金),会妨碍人的创意。当人们认为,自己的每一个动作都会影响到金钱收益的时候,就会出现这种现象。我们在此讨论的并不是回报公平与否的问题,而是总惦记着回报会让人变得谨小慎微。这种谨小慎微的感觉会妨碍他们拓展思路,阻止自由自在的思考。阿马比尔发现,用奖金或嘉奖来激励人们实现或超越目标的领导者也应当重视内在激励的力量。强调创新的重要性,支持并奖励创新,塑造出一个让人们有机会学习和成长的领导者,能够获得新颖的解决方案。没能培育内在激励因素(心与灵魂)的领导者得到的是平庸的解决方案。

在《胡萝卜和大棒不灵了》(*Carrots and Sticks Don't Work*)一书中,作者保罗·马西亚诺(Paul Marciano)阐释了激励与提高积极性之间的重要关联。较高的工作积极性能够减弱较差的工作环境对人的影响,而这会激励人们积极地面对紧迫的时间底线、有限的资源,甚至还有难相处的老板。当时局变得艰难、奖赏减少的时候,受到内在激励的坚强心灵能够继续创造出业绩,真正地绽放光彩;而受到外在激励的"吃胡萝卜的人"最终会渐渐落后,无法拿出漂亮的成绩。

在激励和高积极性之间存在着生理和心理的相互作用,高积极性和内在激励能够大幅度地促进人们努力工作。这两个因素相辅相成,让人们创造并维持一个积极的工作环境。在一个重视工作积极性的文化中,人们会自然而然地为了团队、客户和公司多付出几分努力。正是因为这个,你需要密切地关注组织的决策、环境、态度和行为,看看其中有没有削弱员工积极性的东西,这些东西可能会导致你违反心理合同。

◎　心理合同　◎

丹的团队把产品的紧急问题解决之后,他发现自己心中的幻灭感越来越重了。在产品生命周期中最重要的阶段,爱操纵人又自私自利的管理层却把半个团队的人手调去做其他的项目。项目的带头人会把一些信息藏起来秘而不宣,然后把团队做出的创意成果据为己有。雪上加霜的是,奖金缩水的幅度令人难以置信。这一切加起来,把丹设计一个超级产品的梦想击得粉碎。

Widget 并没有实现公司的承诺。尽管丹和团队解决了问题,还增添了一些令人满意的功能,但他知道,从长远看来,这个产品没法满足期望,他的正直个性无法容忍这个必败的结局。

每一家公司、每一个老板都与员工签下了心理合同。卡内基梅隆大学(Carnegie Mellon University)的教授丹尼丝·鲁索(Denise Rousseau)是这样定义心理合同的,"关于雇主和雇员双方义务的个人信念"。这是一条双向的道路,"你可以期待从我这里得到这个;作为回报,我把这个给你"。义务中包含着一方向另一方许下的、说出或未曾说出的承诺。在以往几十年中,这些义务包括诸如养老金(除了维基百科,这个词儿很少出现在其他地方了)和堪称牢靠的职业安全感。雇主明说出来的义务(有形的)包括工资、奖励体系、福利以及工作所需的资源。雇员同意按时到岗,达到雇主的工作要求。雇主不曾明说的承诺(无形的)包括尊重、公平、有意义的工作,以及其他一些你无法轻易定量的工作条件,数量上远远超出了明说的那些。

一个心理合同,无论是存在于你和密友之间,还是你和直接上司之间,

都包括两个行为方面的概念,社会交换理论(social exchange theory)和互惠原理(norm of reciprocity)。社会交换理论认为,所有的社会行为都源自交换,在这种交换关系中,我们以成本与收益的分析模式来衡量人际关系。自然而然地,我们希望在获取最高收益的同时,付出最低的成本,或是维持两者平衡。如果这个天平倒向了不利于我们的一方,我们就要承受行为、情感、态度方面的不良后果。"你答应过我的,如果我顺利完成这个项目,就给我升职。我做到了,可你说话不算话。我现在很不爽。"互惠原理指的是,如果对方为你做了某件事,你也愿意为他/她做点什么当作回报。"如果你让我牵头做这个项目,我就把利润做得超出你的预期。"

心理合同中包括来自双方的有形因素与无形因素,如图 8-1。尽管图表中写得清楚简明,但这些因素会随着时间慢慢变化,而且经常会跨越有形和无形之间的边界。

这些义务源自成文的文件,口头上的许诺,与招聘团队、招聘人员和其他员工之间的交流互动,在组织文化中的工作经历,甚至还包括员工以前的工作经验。简言之,心理合同向正规的工作合同中加入了未曾明说和未曾写出来的元素。尽管它是一个会随着时间变化的动态合同,但经验和阅历会影响到与合同相关的诸多期望。相应地,这个合同影响并塑造着双方的行为、态度和期望。

令问题更加复杂的是,没有哪两个人能够用一模一样的方式来理解心理合同中的条款。我们已经从这本书中看到,一大堆心理偏见都能扭曲我们的感知。这些扭曲,再加上人与人之间常见的沟通误解,可能会对心理合同造成严重破坏。诸如职位、工资、福利这样的有形因素,往往是人加入某个组织的理由。而无形因素,比如恶劣的公司文化、缺乏认可、短视的领导力或是受损的组织声誉,往往会把人推出门去。

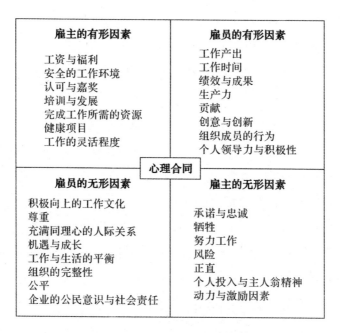

图 8-1　心理合同中的有形因素与无形因素

就像谈恋爱一样,心理合同的双方往往会享受一段蜜月期。鲁索指出,新员工会对这段关系感到乐观,在初期表现出对这份工作的高期望。随着现实问题渐渐浮现,期望值发生了改变。期望可能会下落一点点,不曾严重地破坏这段关系;但也有可能像自由落体一样,让这段关系坠入失望的深渊。丹和他的团队就属于这种情况。当这些无形因素消散不见之后,个体会感到要被迫做出"是战还是逃"的反应。逃可能意味着苦涩的离去,战可能意味着员工要借助外部的力量维权,比如劳资双方的集体谈判。

◎ 食 言 ◎

失望的感觉日渐加剧,丹开始后悔了,真不该离开原先那份工作,走进这段噩梦。他原本是个积极乐观、愿意苦干的年轻人,可现在他遭到了意外打击,这家公司骗人,爱撒谎,而且明知产品有问题,还照样做销售,这根本就是道德问题。这一切都让他感到恶心。丹还在两位老板之间左右为难。他本该向迈克尔汇报工作,可黛博拉没完没了地插手。丹感到自己掺和进了两位老板的拔河比赛,没人在乎对方的利益。在我们的教练过程中,当我向丹讲解心理合同的天性时,他从椅子里跳了起来。"没错! 就是这回事! 他们从第一天起就开始破坏它了。"

失败的领导行为会伤害员工的积极性和组织文化,其中威力最大的莫过于违反心理合同。违反合同的表现多种多样:

● 破坏信任

● 做出了不够诚实和正直的行为

● 违背道德准则或法律

● 说话不算话

● 工作侵占了私人时间

● 岗位职责描述模糊不清,没有明确的工作预期

● 工作环境糟糕,令人感到抑郁

● 上司大幅度地修改协议条款

每一条都被丹遇上了,他的行为和工作态度起了变化。随着违背合同的现象越来越多,他的状态从激动、干劲十足和高产,变成了倦怠和冷漠。

他的行为改变和态度改变并不奇怪。2007 年，赵浩（Hao Zhao）与同事们对一百余项先前的研究做出了分析，他们发现，违反心理合同会引起一系列的员工心理变化。下列几个方面均有显著的跌落：

● 工作满意度

● 绩效

● 忠诚度和信任感

● 主动去做工作职责范围之外的事

● 与同事的合作和分享

但是，员工对有一件事的兴趣的确增加了——另谋高就。这些态度都是"撤退"的体现。"撤退"行为的表现相当广泛，弱到无言的叛逆，强到无遮无拦的暴力行为，都有可能出现。P. 马泰斯·巴尔（P. Matthijs Bal）和同事们所做的另一项研究表明，不同年龄阶段的人对违背心理合同的反应是不一样的。较年轻的员工会对公司失去信任和忠诚，而年长员工的工作满意度会降低。

当前这一批领导者应当非常重视这个事实，一个特别的原因就是，越来越多的千禧一代不日就将走上领导岗位，如今的领导者应当认真思考他们的特点，并为此做好准备。有无数的研究和员工积极性调查都显示，未来一代的年轻领导者们对工作的感受变得没那么正面，积极性已经开始降低了。他们是在大面积萧条的年代投身职场的，面对的是高失业率和低职业流动性，在他们的期盼和从工作中实际得到的东西之间存在着一条巨大的鸿沟。他们认为许多公司价值观过了时，而企业腐败现象又十分猖獗，这些都与他们的理想主义相冲突。带着一个已经破裂的心理合同走上职业道路，这会引发严重的行为、情感和态度问题。这些年轻人的高期望值（或许还是不切实际的）已经被"在低迷的经济时期走进职场"的现实击碎，

你该怎么调动他们的积极性？他们将成长为什么样的领导者？你能帮助他们变成杰出的领袖人物吗？

你应当从了解心理合同破裂的后果开始。1970 年，阿尔伯特·赫希曼（Albert Hirschman）率先探讨了这个话题，后来的研究者们又不断地做出补充。它的后果可以分为四大类：

1. 离开：离开或打算离开公司。

2. 诉苦：跟上司、同事、亲友诉说公司违反心理合同的事。

3. 哑忍：出于忠诚而默默忍受，希望问题有一天能自行解决。

4. 懈怠：不再投入，工作时缺乏热情。

如果等待或诉苦都于事无补，不开心的员工很可能会从消极怠工变到最终被炒，或是辞职另找工作。

根据我们在第七章中探讨过的情绪传染现象，上述四种行为都会对组织的其他成员造成不良影响。如果我的团队成员拉吉很遭罪，我也会感到难受；如果他向我诉苦，我会感同身受；如果他消极怠工，我也会（或者要为他打掩护）；如果他离开公司，我也会考虑要不要跟着走。如果这种情绪是从上司那儿来的，对我的影响就更大了。

普拉山特·博迪亚（Prashant Bordia）和同事们在 2010 年所做的一项研究表明，公司与某位主管之间的心理合同破裂，会慢慢影响到这位主管的下属，最终导致该主管和下属之间的心理合同出现裂痕，长远来看，则会逐渐影响到公司与顾客之间的心理合同。顾客得到的关照减少了，不满增多了，最终公司的生意受损。

按照这种逻辑，"员工积极性降低"的毒素会渐渐渗入一个组织的文化当中，一旦这种情况出现，一定得下猛药才能治好。而"愤世嫉俗"与"热情耗尽"是最要命的两个症状。

◎ 愤世嫉俗与热情耗尽 ◎

丹对公司的忠诚逐渐消失了。最后,他向迈克尔说出了自己的境遇,可就像往常一样,迈克尔对他的抱怨不予理睬。丹继续忍受着,可他感到自己的热情全都耗尽了,他开始消极怠工、抱怨。不难猜想的是,他想辞职了。曾经乐观积极的丹变成了一个愤世嫉俗的人。

在当今的职场上,丹的例子并不鲜见。低迷的经济形势,报纸头条上天天报道企业的渎职与不当行为,越来越长的工作时间,对失业的担忧,以及员工与雇主之间忠诚度的急剧下滑(曾几何时,员工忠诚是美国企业界的特质啊),让越来越多的员工变得愤世嫉俗,这简直像职场上的瘟疫。1998年詹姆·迪安(Jame Dean)和同事们认为,员工的愤世嫉俗心态是"对所在组织的一种消极负面的态度"。他们提出,这种心态始于一种信念——组织的领导层和管理层不够诚实正直。这种信念会引发毁谤的言论、尖酸的批评,以及一系列针对组织的负面行为。

2003年,乔纳森·约翰逊(Jonathan Johnson)和安·奥利里凯利(Anne O'Leary Kelly)研究了心理合同破裂与愤世嫉俗心态之间的关联。根据从银行员工、他们的上司和组织记录中搜集来的数据,研究者们发现,员工的愤世嫉俗并非来自他们带入工作中的负面态度,而是源自他们在工作中的体验。愤世嫉俗还会导致情绪上的疲惫与耗竭。有些人的心态好像更容易变坏,更容易变得悲观,并说老板和同事的坏话。他们就像是毁掉一篮子苹果的坏果子,可即便是这些坏苹果,变成这样也是事出有因的。

人生经历会塑造我们的核心信念与自我感。一只鸭子被水冲到了背,在另一只鸭子看来,这简直像受水刑一样痛苦。"权当痛快洗了个澡",第

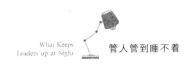

一只鸭子的心理弹性非常好,它有心理资本(即自我效能感、恢复能力、希望、乐观心态的总和)和强大的心理素质,可以冲淡糟糕经历给它带来的影响。愤世嫉俗的鸭子没有这些,它认为自己很倒霉,深信自己挺不过这个糟糕的经历。它把愤世嫉俗当作防护盾牌,来对抗可能会耗尽心神的强烈情绪。

我们很愿意炒掉那些愤世嫉俗的员工,欢迎那些信念坚定的人。人类的天性促使我们把他人的负面态度和行为都归咎于他们的负面性格,心理学家称之为基本归因偏见(fundamental attribution bias)。这个偏见让我们夸大了性格在他人行为中的作用,低估了环境因素的影响。可是,基本归因偏见的悖论是,如果我们把它用在自己身上,它就反过来了。如果我们感到公司不重视自己,那肯定是公司的错。如果丹抱怨自己的处境糟糕,迈克尔和黛博拉会轻易地认为这是丹的性格有问题,他原本就是个爱抱怨的人。他们忽视了导致丹抱怨工作的那些管理失误。但是,如果迈克尔或黛博拉也遇到了跟丹一样的问题,他或她很快就会责怪起公司来。

此时,正是领导者从中学习,避免犯下大错的时候。愤世嫉俗的员工远非烂苹果,他们其实掌握着非常有价值的、能让整篮果子免于变坏的信息。如果老板们可以先把那些被他们视作是抱怨的东西搁在一边,问问员工也问问自己,是什么导致了这些不满,他们很可能会找到治愈微恙的良药。想要做到这一点,你需要了解员工积极性的性质,克制住主观评判的心,保持开放的思维、相当程度的自我觉知,并且愿意主动调整自己的管理方法。

如今,员工积极性不是奢侈品,而是必需品。相信这个概念的公司已经拥有了竞争优势。那么,你能做些什么来唤起并维持员工的积极性呢?

◎ SLAM 模型 ◎

好消息是,的确有提高员工积极性的灵药。没那么好的消息是,适合每个组织的配方都不一样。因此,我才设计出一套提高员工积极性的思路,它能帮助你根据组织的独特性质和需求,量身定做出一个提高积极性的战略。

SLAM
S 社会关系(social connection)
L 卓越的领导力(leadership excellence)
A 齐心协力的组织文化(aligned culture)
M 有意义的工作与生活(meaningful work and life)

我能设计出这个模型,是因为我已经与个人与组织一同工作了多年,一直在解决职场中关于工作动力和积极性的问题。它融合了我的所有经验,以及这个领域内最新的研究成果,我给它起了一个简明易记的名字,这是一个能在职场中创造并维持员工积极性的有用工具。它的视角是全盘性的,把人类天性中所有重要的方面都考虑进去了,心理学的、生理学的、情绪的、态度的以及行为上的。

◎ 社会关系 ◎

想想看,上一次离开你真心关爱的人们时的情景是什么样子? 你离家上大学,离开大学去做第一份重要的工作,或是离开一份工作,去做另一个。如果你和同学或同事们建立起了深厚的感情，你会发现这是非常难以割舍的。人很难离开朋友。我们在前文中提到的盖洛普研究引述了两个与工作积极性格外相关的因素，"我在公司里有一个特别好的朋友"，以及"我的上司和同事们都真诚地关心我"。这些社会关系对人非常重要。

我们对于社会关系的需求是基本而强大的，它在工作中也占据着极为重要的位置。积极性、人才稳定性、绩效、生产力、文化上的承诺、健康、减压，都要靠它。正是因为这个，领导者必须要专心致志地培养人际关系。一个聪明的领导者应该：

● 鼓励并支持社会活动，有时候还可以让员工带上家人和朋友。参加公司的野餐会或每年一度的垒球赛都有助于培养员工之间的友情。

● 定期召开员工会议，在议程中加入一些开放式的话题。把乱糟糟的日常工作放到一边，讨论一些重要的事情，这有助于形成一个相互关心和尊重的正向循环。

● 倡议团队出去做志愿工作，强调它的价值。这种活动不仅能提升人的使命感和意义感，还会巩固组织的价值观。大家一起来翻修社区操场，这能让大家团结起来，其间的意义远比日常工作大得多。

● 举办全公司范围的庆祝活动，嘉奖员工的成绩。得到大家的认可，看着同事们得奖，这会巩固员工之间的情感纽带。

● 展开团队形式的运动竞赛。参加健身活动能让大家变得更团结，而且还有许多实实在在的好处。

● 偶尔延长大家的午餐时间，或是让大家下班后出去聚聚，放松一下。一起做些有趣的事儿能拉近人们彼此的距离。

● 策划一些出去过夜的休闲活动。吹牛闲扯到深夜，能让大家的关系变得更加融洽，建立起工作之外的私人交情。

● 在绩效评定中，既要有定量的衡量手段，也要有定性的。让大家知道，公司重视那些无形的东西(比如向遇上麻烦的同事伸出援手,帮助别人成为全面发展的、完整的人,让他们拥有良好的自我感觉),而不是总想着让员工发挥职能,给公司挣钱。这会给公司带来长远的好处。

毋庸置疑,你可以往这个清单里继续添加内容,但你已经明白我的意思了,更为牢固的社会关系能够提高员工的积极性。

◎ 卓越的领导力 ◎

贾妮给我讲了她创业的缘起。将近三十岁时,她在一家会计师事务所工作。她的老板托德的管理方式非常呆板。有一天,兽医给贾妮打来电话,说她那只十七岁的西班牙猎犬病得太重,只能安乐死了。贾妮眼泪汪汪地找托德请假。可托德伏在键盘前,头都没抬地嘟囔道:"不行。公司规定,要请假必须提前 48 小时。"他继续打字的时候,贾妮问他,第二天能否晚两个小时来上班,他什么都没说。

次日,贾妮还沉浸在哀伤的心情中,毕竟这条心爱的猎犬陪伴了她大半辈子了。上午十点钟她走进办公室,托德正在门口等她。他突然转了个身,说"跟我来"。在托德的办公室里坐下,贾妮看着托德填写了一张向上级汇报她不服管理的表格。他始终没正眼瞧贾妮一眼,也没有任何安慰的表示。"就在那一刻,我下定决心要辞职。那感觉真是糟透了,可从另一个角度来说,那也是我遇上的最好的事,它敦促我创办了自己的公司。托德教会了我成功所需的一切——只要把他的所作所为完全反过来就行了。"

我真希望我能说,世上优秀的领导者比麻木冷漠的托德们多得多,可悲伤的是,这不是真的。还记得第五章中我们提到的凯撒和屋大维吗?你遇上的多半是商业世界里自负的凯撒。提高员工积极性,最需要的就是屋

大维在担任罗马领袖时展现的那种全景型的领导力。优秀领导者的所思所想会渗透到组织的每一个角落,影响到每一个利益相关者。近视型领导者的态度和行为也是如此。当它波及消费者的时候,组织的声誉和利润就会受损了。

2009年,德勤(Deloitte)发布的研究报告称,如果想在艰难的经济环境下留住人才,重要的策略包括卓越的领导力、透明度以及一个提倡诚实和正直的工作环境。相比之下,软弱、自私的领导力往往会导致压力、心理健康问题、绩效低下和较高的人才流失率。卓越的领导者是这样的:

- 具备全景式的思维和做事方式。
- 摒弃近视型的态度和行为。
- 闭上嘴,竖起耳朵,倾听下属的感受和需求。
- 创造一个安全的组织文化,让人们可以自由地寻求帮助,而且永不怕犯错。
- 培养自己的情商、自我觉知与社会觉知能力、社交技能。
- 鼓励他人也培养上述技能。
- 以开放坦诚的心态面对一切反馈意见,要让大家随时找得到你。
- 以身作则。
- 创造并维持一个崇尚百分百透明的组织文化。
- 让大家都能透彻理解组织的价值观,并与之保持一致。
- 让每一个人都明白,自己的岗位是如何与组织的战略和目标紧密相关的。
- 言出必行,遵守所有的承诺与心理合同。
- 修复破裂的心理合同。
- 遵照最高标准的道德准则,正直地为人处事。
- 欢迎所有层级积极建言、提出反馈、贡献创意,并且与大家分享这些东西。
- 清晰地说明期望和目标并妥善地管理它们。

像托德那样做不到这些的领导者最终会失去人们的信任和尊敬。这里的"人们"不仅包括从首席××官到收发室的所有员工,也包括股东、顾客、供应商、政府的监察人员,还有一切与这个组织发生关系的人。贾妮发誓,她永不会用托德对待自己的方式来对待他人,凭着这句承诺,她创立了一家极为成功的公司。

最后提醒一点:绝对不要把提高并维持员工积极性这个任务扔给人力资源部门。在这个问题上,领导者一定要亲力亲为,有始有终。

◎　齐心协力的组织文化　◎

德克萨斯州的卫理公会教派医院系统(Methodist Hospital System)在雇员满意度和顾客满意度方面获得了许多奖项,他们的人才保留率高得令人妒忌。他们成功的秘诀不仅在于广泛周到的管理和人才发展制度,还在于持续不断地强调,组织中的每一个人都要透彻理解并真心认同企业的使命与价值观,把劲往一处使。他们知道,这种同心同德的力量有助于在各个层级上提升积极性。无论是营销部门的副总裁,还是咖啡吧里的收银员,医院系统里的每一个工作人员都知道自己的角色对医院使命的贡献。在企业中,员工的一言一行要么支持组织的核心价值观,要么就破坏它。这种心理上和行为上的深层接纳推动着卫理公会教派医院系统年复一年地取得卓越的业绩。

悲哀的是,有太多组织只把价值观、愿景和使命宣言贴在网站上,放在发给新员工的资料包里,却并没有把它们真正融入组织当中。他们只是嘴上说说,却没有身体力行。当你询问他们的员工能否说出组织的价值观和使命时,你会听到员工们磕磕巴巴地说,"呃,卖出大量的产品吗?"这就是组织不重视齐心协力的明证。

当领导者不能真心遵从公司的价值观，或是在处境艰难时就不再坚持的时候，他们不仅违反了心理合同，而且没能满足最基本的人类需求——了解自己所在的工作环境。我们只是卖小工具的吗？还是通过帮助顾客解决问题，来提高他们的生活质量？忽视齐心协力，就像不理睬孩子的基本需求。经常这样做的话，你就会在某一天猛然发现，孩子已经变成了问题少年。你觉得下面这些道德准则怎么样？

尊重。我们希望获得怎样的对待，我们就怎样对待别人。我们绝不容忍谩骂或不尊重他人，冷酷、麻木、傲慢不属于这里。

正直。我们开放而诚挚地对待客户和潜在客户。我们言出必行；同样，如果我们说了不能做什么，或不愿做什么，我们就绝对不会去做。

沟通。沟通是我们的义务。我们愿意花时间来讨论和倾听。我们深信，信息应该是流动的，而信息也能打动人。

卓越。唯有事事追求卓越，我们才会满意。我们将会继续提高标准，要求每个人都做得更好。在这里，对每个人来说，最大的乐趣莫过于发现自己的潜力。

听起来很不错，是不是？可真相会把你吓一跳，这些东西来自安然公司，那个一度宣称自己是"世界企业公民"、却轰然倒下的能源巨头。显然，这些话没能变成行动。一家企业表达自己的方式，无论是对内的还是对外的，都会影响员工的自我价值感、自尊心和自豪感。如果一家公司不仅能嘴上说得好听，还能切实付诸行动，那么利益相关方的积极性就会提升。

为了保证自己切实付诸行动，你可以从下列事情开始：

● 拟定（或重新确定）你的愿景、使命、价值观和目标，要做到清晰具体。这件事不应只限于资深领导层参与，所有的层级都应该参与进来，因为每个层级必须把使命和价值观贯彻到位，融入行动。建立一个跨部门、跨层次的小组来做出评估,你会得到最有意义的结果。

● 别再随随便便地招聘,在许多方面,都要考量应聘人与组织文化的匹配程度,包括个性、人际关系的风格、工作风格、对团队的理解等等。

● 要让应聘者看到公司最真实的一面,好让他们能做出切合实际的预期。

● 推行与公司文化一致的管理与领导准则。

● 帮助员工融入企业文化。

● 把传统的一天到两周的新人培训换成一个经过精心设计的、能帮助新员工认同公司的使命和价值观的培训计划。

在我的咨询工作中,我经常谈到,要让每一个人都真心认同组织的价值观和使命。组织应当设计一个面向各层级员工的"认同战略",对股东、顾客、供应商、媒体、政府和监管机构以及任何一个会与组织发生关系的人也都要这样做。

招聘、人才保留策略、管理与领导准则、商业模式、人力资源实务、企业社会责任、公司形象,这些都应当与组织的价值观和使命保持一致。不断地为此做出努力,员工的积极性就会提高。

◎ 有意义的工作与生活 ◎

为了便于讨论,咱们来做一个非常一般性的假设。好比说,有一个普通职员,每周上五天班,每年工作四十六周(两周休假、十天病假、十天公众假期或浮动假期),那么他或她:

● 大约要工作四十七年;

● 每周工作四十小时,折合为每年一千八百四十小时;

● 周一到周五总共需要四十小时睡眠（每晚八小时），折合为每年一千八百四十小时；

这意味着，一个职员把生命中三分之一的时间拿来睡觉，三分之一用来工作。这么一来，留给洗澡、吃饭、照顾家人、缓解压力、与朋友们待在一起、办生活杂事、锻炼身体、遛狗、喂猫、放松休闲的时间可真没多少。况且，随着社交媒体、电子邮件和智能手机的普及，朝九晚五、周一到周五的上班模式已经大大延长了，绝大多数人的私人生活都会被工作侵占。在你认识的人里，有几个能做到每天只工作八个小时，或是能每天睡足八小时的？

你希望把三分之一的生命花在一份吞噬灵魂、能把你变成僵尸的工作中吗？还是渴望从事一份更美好的事业，满足你对人生意义和成就的追求？心理学和个人经历告诉我们，当我们没有自我实现的机会，或是无法在一件要花掉三分之一生命的事情中找到人生意义的时候，我们会感到意气消沉，挫折沮丧，而这种感受会渗入生活的每一个部分，包括让人无法享受一夜安眠。

现在，人们越来越希望拥有一份能够实现自我的工作，并在工作和生活之间取得平衡。如果你找到了这样的工作，得到的远不止一张薪水支票。你会感到自豪，认可自己的价值，而且你知道自己所做的事让世界变得更美好。这一切都非常重要，对身体和情绪的健康都极有好处。

从前，世界是以制造业为基础的，人们改变自己来适应工作。福特汽车 Model T 工厂里，装配线上的工人原本是农夫，以前他在地里干活时能听到鸟叫，可如今他拧着螺丝，听到的是金属碰撞的声音。在如今这个以信息为基础的新世界里，人们期待的刚好相反。他们希望组织能够适应人性；他们希望能嗅到玫瑰花香，听到鸟儿鸣啭；他们想要一个有弹性的工时制度和提升健康水平与幸福感的福利，希望公司尊重他们的人性以及拥有和谐家庭生活的需求,也希望公司的行为能够反映出较高水准的伦理道德和责任感。他们将借助科技手段在家里或其他任何地方工作,偶尔也需要在工作时间里回家处理点私事。他们希望用自己的才华换得一份有意义的工作和一个有意义的人生。努力满足这些需求的组织必然能提升员工的积极性。

我十分痛恨所谓的"工作/人生平衡"这种说法,好像工作与人生是跷跷板的两头似的。问题并不在于让两者处在一条水平线上,而是把两者整合成一个光滑的、无缝对接的整体,这就需要你有"拔掉插头"、把精力重新蓄满的能力。

我们在此讨论的也不是如何迁就和宠溺新一代年轻人的问题,他们是带着一种权利感进入职场的。没错,这些年轻人里的确有些习惯了被人宠爱,但有更多的人愿意辛勤工作,换得辉煌的职业生涯。(我在我的《职场中的 Y 世代》[*Y in the Workplace*]一书中对这个问题作了广泛的探讨。)组织可以把一些能够提升生产力和利润的工作方式加入标准的福利待遇当中:

● 只要做足工时,工作时间可以灵活安排。"夜猫子"可以在晚上九点到清晨五点上班,"早起鸟儿"可以继续传统的朝九晚五。

● 远程工作可以让团队成员不必再赶到传统的办公室工作。一个住在德克萨斯州奥斯汀的程序员在家照样能高效率地做事,也能跟同事们建立起紧密的合作关系,就像两个并肩坐在硅谷格子间里的同事一样。

● 推行在岗育儿制度,让父母们可以在午餐和休息时间里跟孩子交流互动。如果一个新妈妈知道自己可以在上班时间里看到两岁孩子的状况,那她工作起来肯定安心多了。

● 设立健身房、跑步机、压力管理课程和游戏室,帮助人们适应当今高压的工作环境。痛痛快快地锻炼一番过后,总在办公桌前坐着不动的员工会精

力充沛、焕然一新地回到岗位。

● 设计一个有创意的工作环境。办公环境应该让人们更愿意在这里工作,而不是像狭小的囚室一样,引发幽闭恐惧症。大量的新鲜空气、自然光、明亮的色彩会唤醒人的活力,而陈腐的空气、空调、灰色的墙、装着日光灯的屋子会让人感到自己就像待宰的羔羊。

● 让员工有机会抽出部分工作时间,参加本职岗位之外的工作项目。这会让他们的兴趣更为广泛,得到交叉培训的机会,接触外部的新鲜观点,还可以相互学习工作技能。

● 提倡员工参加个人或公司组织的义工活动。在大型公司中,还可以让领导者和管理层利用带薪假期到学校里当一两个月的老师,或是到非营利机构里工作一阵子。

这些举措对员工极其重要,因为它们反映出,你尊重"完整的人"的概念,希望员工在工作之余能够拥有完整的人生。比起传统的工资、奖金和医疗保险的福利方案,员工们更愿意向人"炫耀"这种有意义的福利。如果公司爱你,你也会爱公司。

◎ SLAM 行动指南 ◎

坐落在一个翻新过的教堂里的 SEER Interactive,是今年我拜访过的公司里让我印象最深刻的一个。SEER 是一个从事搜索引擎优化及营销的咨询公司,总部设在费城。它的工作环境让我想起谷歌(Google)——这种公司都花了大工夫,建设出一个让人们热爱工作的地方。SEER Interactive 获得的奖项多得惊人,比如费城成长最快的公司一百强(2011,2010,2009,2008),以及最佳雇主(2011)。这些成绩,都要归功给公司的创始人威尔·

雷诺兹(Wil Reynolds)。

2002 年,威尔在自己家中创办了 SEER,但直到 2005 年才雇用了第一个员工。跟许多人一样,他离职自己开公司,也是因为短视的老板不肯批准他的请求:他希望能早一点来上班,而且拿出午餐时段工作,以便能提早一小时下班,去当地的一家儿童医院做志愿者。这个拒绝意义重大,四天后,威尔辞职,创办了 SEER。他这样回忆道:"你希望影响这个世界,可没有一家公司能允许我做想做的事,所以我就基于自己的信念,创立了自己的公司。"他的一些信念在做搜索引擎优化及营销的公司中可不多见,比如正直、言出必行和客户优先。

他这样描述 SEER 的使命:"我们做正确的事。如果你相信因果报应,那你就会少做点坏事了。"这种哲学融入了他在 SEER 建立的文化、公司的领导和管理准则、招聘与解雇、客户关系管理以及公司所做的一切能提高利益相关方积极性的事务。你能亲眼看到,也能感受得到。SEER 的员工是这样的:

● 单是 2011 年,他们做义工的时间加起来就到了一千六百小时。威尔希望,随着越来越多的人加入公司,这个数字还能逐年上升。

● 性格上有很多共同点,工作之余,大家也喜欢一起出去玩。威尔相信,能一起开心相处的一群人,必然也愿意一起留在公司。

● 畅所欲言,无论自己的想法看上去有多蠢,多么匪夷所思,或是与目前的想法多么相悖。威尔知道,创意可能就会从这些打破常规的想法中产生。

● 工作环境非常开放,非常人性化。办公室里有许多小房间和小角落,可供大家沉思,或是跟同事、访客聊天。

● 用威尔的话说,就是"乐于帮助别人更上一层楼"。威尔接受这个事实,更上一层楼可能意味着在 SEER 中升职,或是换个工作,甚至是离职去创办自己的公司。他们深知人才成长的重要性,最终去了哪里并不重要。他们可能

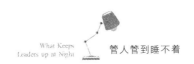
会回来,即使不回来,也有可能帮公司介绍业务,把生意送回来。

● 为公司贡献聪明才智,因为他们的想法与公司的价值观和使命一致。威尔坚信,动力源自人的内心,而不是来自某个有感召力的领导者或大师。

● 聪明、有创意的员工在解决问题时不会遇到多少障碍。威尔会确保流程和规定不会设置得那么死板,免得它们束缚员工的手脚,妨碍大家取得最好的结果。

● 知道自己的声音会被人听到,也知道自己会得到人性化的尊重、嘉奖和管理。无论是在工作中,还是在休闲活动中,威尔始终会倾听员工的声音,他会根据听到的反馈来调整自己的管理和嘉奖制度。

● 把公司视作大学,而不是工厂。威尔鼓励大家持续不断地学习。

这一切都能充分调动起员工的积极性。这些举措让员工充分理解了公司的价值观和使命,但更重要的是,它是一个完整的体系,把大家对"好工作"的思考和行动整合在一起。

◎ 本章小结 ◎

提高员工的积极性可不是照着清单办事,办一个比萨派对(打钩),发奖金(打钩),说一句"干得漂亮"(打钩)。它也不是那种流行一时的、"让人感觉良好"的风潮,让他们感觉到公司的关爱(打钩),赶上善待员工的潮流(打钩)。看到真正的积极性时,人们凭直觉就能觉察出来。真正的积极性是提高生产力和盈利能力的关键。它反映出公司的个性,以及无论是在景气或低迷时期都始终坚持的价值观;它塑造并维护一种积极向上、生机勃勃的组织文化;它强调卓越的领导力;它推崇心理合同的微妙性和现实性。

提高员工的积极性,意味着寻找与组织文化相匹配的人,意味着你知道该为个人和组织提供多少有意义的工作。最重要的是,它意味着把人真的当人来对待,而不是"人力资本"或"人力资源"这样冷冰冰的商业名词。

聪明的领导者必须不断地监督员工积极性的四个重要元素:社会关系、卓越的领导力、齐心协力的组织文化,以及富有意义的工作与生活。人们在走上工作岗位的时候,人类的天性也随之而来。虽然这些天性是那么古怪、杂乱,在心理、情感、行为、认知和生理上都那么微妙,但是,当你的组织把这些都做对了的时候,你就会发现,你可以较为轻松地把握住这些人性因素了。

What Keeps
Leaders up at Night

结　语

恍然大悟的一刻

最近，在全美汽车销售商协会（National Automobile Dealers Association）的年度大会上，我面向女性销售商们做了一个主题演讲。我谈到了领导力和心理学，讲到了心理学对平日的领导力行为产生的强大影响，以及我们可能引起并传播的"传染"效应。讲着讲着，一句话忽然从我嘴巴里蹦了出来（至今我仍然不明白，怎么会突然这么说）："碰上差劲的人，我们也会变得很差劲，就像报复似的。"听众席上的女士们先是愣了一下，然后带着微笑交头接耳，最后，大家脸上绽放出灿烂的笑容，热烈地点头称是。

对我来说，说出那句话是个决定性的时刻，因为我忽然想明白了，是什么让我在那段日子里夜不能寐——也就是我纠结迷惑、不知该怎么处理那位不称职的办公室主任霍普的那段时期。它让我回想起，从那段经历里我学到了多少东西。

我曾让我的年轻员工、同事、客户和我自己失望。如果是别人遇上这种事，我会清楚地看明白前因后果，可我却没能用同样的方式来看清自己。

我把所有关于领导力的知识和技能忘在了脑后,陷入了自我怀疑的泥沼。我担心自己犯下了无法弥补的错误,永远也无法修补公司里一度光明又生机勃勃的文化。那段日子我很差劲,所以我身边的人也都变得差劲起来,就像报复似的。

由于满脑子想的都是"我搞砸了",我看不见走出迷局的路。我抗拒改变,身为领导者,我把周围的人都拖入了泥坑。当时,我的日程表就像诺曼底登陆一样混乱,所有的船都在水里,所有的飞机都在天上:一个接一个的咨询预约,没完没了、需要全情投入的教练课程,重要的公开演讲……每件事仿佛都比"做一个出色的领导者"重要,也比静心思考那一大堆麻烦事儿重要——炒掉霍普,然后再培训一个能替代她的人,这必然会引出一大堆麻烦事儿。我变成了一个神经衰弱、缺乏睡眠、精疲力竭、无法治愈自己的医生。老天啊,我究竟在想什么?

最后,我终于恢复了冷静和理智,凭借我们在这本书中探讨的所有方法。我停止了一切"坏老板"的做法,我的公司也找回了原先"重视服务、有责任心"的文化。我喜欢在那儿工作,医生们也喜欢,客户们得到了他们所需的帮助和支持,而且是在一个安全和舒适的环境里。我们新来的办公室主任詹妮弗热情、聪慧、很有魅力,而且工作表现棒极了。我们偶尔也会遇到一些障碍,但强大的团队很快就能扫清它们,继续向前走。是什么扭转了局势?经过了大量的思考,我把经验总结成三条基本原则和一个简单的方案,当我的领导力出了毛病的时候,正是它们帮助我重回正轨:

三条简单的原则:

1. 找回自我觉知。

2. 帮助他人找回自我觉知。

3. 记住,我们毕竟只是人而已。

方案：

- 承认问题的存在。

- 认识到我的想法和行为把问题变得更复杂了。

- 看清这些想法和行为的缘由。

- 看清里面涉及了哪些认知偏见。

- 找出管理这些缘由和偏见的新办法。

- 根据这些调整我的领导方法。

- 补偿被我伤害到的人。

- 做好心理准备：我可能会犯更多错误，但我一定会尽力用新方法来解决。

尽管因为这件事，我头上多了几缕白发（我怜惜地给它们起名叫"霍普"），但我很高兴自己犯了这个错误，因为我从中学到了这么多东西。这个世界里充满了各种不可预测的、凌乱的、复杂的、没逻辑的、会犯错误的人，他们让生活和工作变得如此生动有趣，我很高兴能生活在这个世界里。我很高兴自己也是这么一个不可预测的、凌乱的、复杂的、没逻辑的、会犯错误的人。这些人性的因素永远不会消失，它们就像小红灯一样，有的模糊，有的清楚，有时会把我们引入歧路。但是，凭着清明的自我觉知，我们就能更加敏锐地察觉到它们，始终走在正确的轨道上。

我们每个人都能通过一天天的努力，成为一个更好的人，一个更出色的领导者。为了所有倚重我们的人，我们需要挑起这副担子，尽我们所能，做一个最优秀的领导者。无论你从事的是什么业务，它终究都要归结到"人"身上。领导者面对的一切问题，都是"人事"问题，而问题的核心，就在你自己身上。人类历史上最杰出的领导者之一，陆军元帅斯利姆勋爵（Lord Slim）的话最精辟："领导力，就是你。"

致　谢

有太多好心人推动了此书的问世。要是没有这个支持我的团队,我肯定还要花上很多个纠结的日子和无眠的夜晚来跟手稿奋战。但是我的朋友和同事们把它变成了一个妙趣横生、发人深省、灵感迸发的冒险旅程。

我要向几个人致以特别的谢意。首先,我要把最热情、最诚挚的谢意献给我的出版经纪人、写作搭档和朋友(这是最重要的)迈克尔·斯内尔(Michael Snell)。他的创新建议与编辑工作帮助我把这本书塑造成最终的定稿。与他的紧密合作让我在工作和为人上都受益良多,而且他还让我深深地意识到了自己爱误用词语的倾向。

我必须要向贾斯汀·克伦普(Justin Crump)大声地说句"谢谢"。他是我的秘密编辑、创意达人、亲切挚友、御用拉拉队长以及诉苦发牢骚的"垃圾桶"。谢谢你,贾斯汀,感谢你容忍我所有的疯狂,还孜孜不倦地帮助我整理书里和书外的思路和想法,再没有什么能比你那英伦风格的冷笑话更令我开怀的了。

我还要特别感谢出类拔萃的文字达人帕特里夏·斯内尔(Patricia Snell),她为我梳理每一个章节,把字句修改得更为紧凑,把故事润色得更加精彩。安·鲍尔斯-埃万杰利斯塔博士(Dr. Ann Bowers-Evangelista)用

致　谢

犀利的眼光审视书中与心理学和商业相关的内容,给我提出极具启发性的
反馈,敦促我从各个不同的视角看待问题。谢谢你,安。还有贝蒂·劳赫
(Betty Rauch),我的闺蜜兼营销大师,谢谢你为我加油打气,我要送上一个
大大的飞吻。

　　我诚挚地感谢 AMACOM Books 的同事们付出的一切努力。具体点
说,感谢我的编辑克里斯蒂娜·帕瑞西(Christina Parisi)和助理编辑迈克
尔·西维利(Michael Sivilli)。实在太感谢你们的建议、编辑、支持和浓重
的幽默感了。还要感谢我的文字编辑卡萝尔·柏格丽(Carole Berglie)为
文稿做最后的修饰润色;还有亲爱的设计团队,特别是迈克尔·沃勒尔
(Michael Warrell),谢谢你把这本书做得这么漂亮。

　　我还要向我的同事们致以无尽的谢意,感谢你们在我夜以继日地写书
的时候支持我,让公司顺畅地运作下去。还有亲爱的客户们,我是多么感
激你们,让我有机会从事这份我所热爱的工作。

　　我还要向我的兄弟兼挚友伊森致以特别的感谢,不仅要感谢他在本书
写作过程中给予我的帮助,还要感谢他做我的头号支持者,他帮助我看清
问题,还提醒我时不时地休息一个小时是没关系的。我还要特别感谢蒂尔
(Till),感谢他不间断的鼓励、爱、支持和傻气。对于那些支持我、给我加油
打气、让我欢笑、帮助我写完这本书的好朋友们,我甚至无法一一细数,但
我必须要点出三位杰出的女士(希拉里、罗莎和艾莉),你们在某些漫长的
日子里,听我倾诉,为我开解。你们无条件的爱、新颖的观点和温暖的拥抱
给予我的力量有多大,是你们永远也想象不到的。我还要重重地亲一下两
只可爱的猫咪"肉球"和"小馄饨",在过去的九个月里,它们做了猫咪最擅
长的事情——没日没夜地黏在我身边(趴在我的键盘上,蹲在我头上、膝盖
上,横躺在我的研究报告上)。最后,感谢我的父母。若是没有他们的优
雅、幽默、爱和力量,我永远不会拥有这般美好丰盈的人生。

图书在版编目（CIP）数据

管人管到睡不着：发现并解决最困扰你的管理问题 /
（美）李普金著;苏西译. —杭州：浙江大学出版社，
2014.12
ISBN 978-7-308-14032-4

Ⅰ.①管…　Ⅱ.①李…　②苏…　Ⅲ.①企业管理
Ⅳ.①F270

中国版本图书馆 CIP 数据核字（2014）第 260311 号

管人管到睡不着：发现并解决最困扰你的管理问题
妮可·李普金（Nicole Lipkin）　著
苏西　译

策　　划	杭州蓝狮子文化创意有限公司	
责任编辑	曲　静	
出版发行	浙江大学出版社	
	（杭州市天目山路 148 号　邮政编码 310007）	
	（网址:http://www.zjupress.com）	
排　　版	杭州中大图文设计有限公司	
印　　刷	浙江印刷集团有限公司	
开　　本	710mm×1000mm　1/16	
印　　张	15.5	
字　　数	193 千	
版印次	2014 年 12 月第 1 版　2014 年 12 月第 1 次印刷	
书　　号	ISBN 978-7-308-14032-4	
定　　价	45.00 元	